DELIUS KLASING

D1641441

HERAUSFORDERUNG
RACE ACROSS AMERICA

Michael Nehls · Uwe Geißler

Delius Klasing Verlag

Ich widme dieses Buch:
meiner Frau Sabine, die alles erst ermöglichte;
meinen Kindern Sebastian, Sarah und Nadja,
deren Sorge eine erfolgreiche Strategie erzwang;
und meinem besten Freund Horst,
der mir über viele Jahre half,
meinen Traum zu erleben!

Michael Nehls

Bibliografische Information der Deutschen Nationalbibliothek
Die Deutsche Nationalbibliothek verzeichnet diese Publikation in der
Deutschen Nationalbibliografie; detaillierte bibliografische
Daten sind im Internet über http://dnb.d-nb.de abrufbar.

2. Auflage 2009
ISBN 978-3-7688-5283-8
© Moby Dick Verlag, Postfach 3369, D-24032 Kiel

Umschlaggestaltung: Buchholz/Hinsch/Hensinger, Hamburg
Fotos: Uwe Geißler, außer Seite 162 (Horst Hauber),
Seiten 178 und 182 (beide Annette Eller)
Karte: Inch 3, Bielefeld
Layout und Reproduktionen: scanlitho.teams, Bielefeld
Druck: Print Consult, München

Delius Klasing Verlag, Siekerwall 21, D-33602 Bielefeld
Tel.: 0521/559-0, Fax: 0521/559-115
E-Mail: info@delius-klasing.de
www.delius-klasing.de

Inhalt

Durch die kalifornische Mojave-Wüste,
bei 40 °C im leider nicht vorhandenen
Schatten.

Einleitung

Jedem Menschen stellen sich im Laufe seines Lebens komplexe Herausforderungen. Selten, vielleicht sogar niemals, wählt er sich diese Aufgaben freiwillig, auch wenn es in manchen Fällen den äußeren Anschein hat. Diese Freiwilligkeit ließe sich nur insoweit unterstellen, als man jeglichem Handeln einen vorausgehenden freien Willen zugesteht.

Meine größte sportliche Herausforderung wurde das Race Across America (RAAM), ein über 4800 Kilometer Straße führendes Einzelzeitfahren, bei dem es ab dem 8. Juni 2008 galt, mit dem Rennrad die USA von Küste zu Küste in weniger als zwölf Tagen zu durchqueren.

Diese Aufgabe hatte ich mir vor Jahren selbst gestellt. Aber war dies völlig freiwillig geschehen? Daran glaubte ich nie so richtig. Ein innerer Drang, stärker als reine Vernunft, trieb mich an. Die Vernunft half mir jedoch, mich so perfekt wie möglich auf diese große Herausforderung vorzubereiten. Dabei bewährten sich vor allem die taktischen und strategischen Erfahrungen, die ich in meinem Beruf als

Manager eines im medizinischen Bereich tätigen Unternehmens gewonnen hatte.

Radfahren ist auf den ersten Blick eine sehr simple Angelegenheit: Man pedaliert, um sich fortzubewegen. Je größer jedoch der sportliche Anspruch wird, umso wichtiger wird das dahinter stehende Zusammenspiel vieler wissenschaftlicher Spezialdisziplinen: allen voran die Sportmedizin und Trainingslehre, unterstützt durch Erkenntnisse der Physiologie, der Biochemie und der Stoffwechsellehre sowie der Psychologie und Soziologie.

Vieles davon wird in diesem Buch am Beispiel einer der größten und härtesten radsportlichen Herausforderungen exemplarisch dargestellt – wobei ich den mentalen Aspekten eine besondere Aufmerksamkeit schenke.

Meine Teilnahme am RAAM 2008 wurde über vier Jahre gezielt vorbereitet. Allerdings glaube ich, dass ich unbewusst schon wesentlich länger, vermutlich mein ganzes Leben darauf hingearbeitet habe. Die Motive waren vielschichtig. Sicher ist eines: Das RAAM ist wie ein magisches

Tor, wer einmal hindurchgefahren ist, kommt verändert auf der anderen Seite wieder heraus. Das behaupteten schon viele RAAM-Veteranen, und ich habe es selbst ebenso erlebt.

Dieses Buch beschreibt die Vorbereitung auf und die Teilnahme an einem fantastischen Radrennen, dem mit über 4800 Kilometern längsten Einzelzeitfahren der Welt. Es zeigt, dass und wie ein mittleres Leistungspotenzial ausreichen kann, den härtesten Ausdauerwettkampf der Welt dopingfrei zu meistern. Es beschreibt, welche mentalen und physischen Voraussetzungen dafür geschaffen werden müssen, um mit Freude – und ich meine dies in vollem Ernst! – täglich die begeisternden Landschaften und die Unterstützung durch das begleitende Team genießen zu können.

Paradoxerweise ist die enorme physische Belastung der Hauptgrund dafür, dass die mentale Leistung letztlich zum wichtigsten Aspekt wird, der über Erfolg oder Misserfolg entscheidet. Die mentale Vorbereitung spielt eine bedeutende, wenn nicht sogar die entscheidende Rolle.

Zur optimalen Vorbereitung gehört aber auch das Lernen von anderen. Dieses Buch gibt einen recht umfangreichen Abriss der Recherchen in der Literatur, dem Internet und in Gesprächen mit RAAM-Veteranen und ehemaligen Betreuern. Mein Ziel war es, soviel wie möglich aus den Fehlern und Problemlösungen anderer zu lernen und daraus eine eigene Strategie zu entwickeln, die auf meine Stärken aufgebaut war. Inzwischen bin ich aber der festen Überzeugung, dass diese Strategie für viele erfolgversprechend ist – auch deshalb habe ich dieses Buch geschrieben.

Alles in allem hatten wir – ich meine damit das Team und alle Freunde, die uns täglich die Daumen drückten – außergewöhnlich viel Spaß. Es gelang mir dabei, vielleicht zum ersten Mal in der 27-jährigen Geschichte des RAAM, nicht nur die Zieleinfahrt, sondern fast das gesamte Rennen mit einem Lächeln im Gesicht zu gestalten. So hat es auch der achtfache RAAM-Veteran und Pressebeobachter Danny Chew gesehen: »Für mich war Doktor Nehls der munterste und glücklichste Solo-Fahrer von allen.«

Selbst Eisenbahnschienen verschlechtern den rauen Straßenbelag nur unwesentlich.

Das Race Across America – der weltweit härteste Ausdauerwettkampf

Unter Europas Radsportlern ist das RAAM mittlerweile ein recht bekanntes Radrennen, im Gegensatz zu den USA selbst, wo die wenigsten Radsportler, und erst recht nicht die breite Bevölkerung, davon gehört haben. Dies, obwohl das RAAM im Charakter der Tour de France (TdF) zu deren Gründungsjahren ähnelt und Letztere seit dem Erfolg von Greg Lemond, dem ersten US-amerikanschen Sieger, und später durch die Siege von Lance Armstrong sehr populär wurde. Im Gegensatz zur Tour wurde das RAAM in seiner bisherigen 27-jährigen Geschichte allerdings wenig kommerzialisiert.

Auch bei der TdF wurden anfänglich episch lange Distanzen als Tagesetappen gefahren, sodass viele Fahrer schon die nächste Etappe starten mussten, wenn sie nach 20 Stunden und mehr gerade erst die vorherige hinter sich gebracht hatten. Beim RAAM handelt es sich jedoch um eine einzige Etappe mit über 4800 km Länge, die ohne Windschattenhilfe im Stil eines Einzelzeitfahrens gefahren wird. Das RAAM ist somit nicht nur das längste Radrennen, sondern auch das längste Zeitfahren der Welt! Es beginnt immer an der Westküste der USA und endet an deren Ostküste, damit durchqueren die Radsportler beim RAAM den gesamten nordamerikanischen Kontinent.

Die schnellsten Solisten erreichen das Ziel in etwa neun Tagen, womit diese Extremsportler mehr als 500 km täglich zurücklegen. Sie müssen über 50 °C heiße Wüsten durchqueren und frostige, über 3000 Meter hohe Pässe in den Rocky Mountains überwinden – immer im Alleingang gegen den Wind. Die tägliche Belastung entspricht dabei in etwa der von drei hintereinander gefahrenen TdF-Etappen.

Gut zwanzig Jahre nach seiner Gründung wurde das RAAM von einer Expertenkommission, die das »Outside Magazine« 1993 beauftragt hatte, zum härtesten Ausdauerwettkampf der Welt gewählt. Die Kommission aus Multisport-Athleten und Rennbeobachtern klassifizierte extreme Ausdauerwettkämpfe nach folgenden Kriterien:

Die Check-in-Zone für das Race Across America 2008 in Oceanside am Pazifik. Nur noch wenige Stunden bis zum Start.

1. Länge des Rennens
2. Schwierigkeitsgrad des Kurses
3. Mentale Herausforderung
   (»Seelenqual-Faktor«)
4. Verhältnis der Kosten zur Ausfallquote
   (Did Not Finish: DNF)

Nach diesen Kriterien ergab sich folgende Rangliste:

1. Race Across America   676,2 Punkte
2. Vendee Globe Around-
   the-World Sailing Race   675,0 Punkte
3. Iditarod Sledge Dog Race   417,5 Punkte
4. U.S. Army's Best Ranger
   Competition   402,5 Punkte
5. Raid Gauloises Wilderness
   Competition   399,0 Punkte
6. La Traversée Internationale
   (25-mile swim)   301,4 Punkte
7. Badwater 146-Mile Cross
   Country Run   113,4 Punkte
8. Hawaii Ironman Triathlon   67,2 Punkte

Da sich alle Solo-Starter zumindest das Finishen zum Ziel setzen, waren die DNF- (Did Not Finish-)Gründe auch für meine Teilnahme beim RAAM 2008 von großer Bedeutung. Sie stellen in ihrer Gesamtheit einen realistischen Gradmesser für die Größe der Herausforderung dar und bieten darüber hinaus eine ideale Orientierung für die mentale und körperliche Vorbereitung.

Weit über zwanzig unterschiedliche Abbruchgründe konnte ich aus Artikeln, Büchern, Erzählungen und Webseiten zu-

Heftiger Seitenwind in Kansas erfordert Aufmerksamkeit und eine aerodynamische Position.

sammentragen und mittels der eigenen Vorstellungskraft ergänzen. Allen schenkte mein Betreuerteam in der Vorbereitungsphase größte Aufmerksamkeit. Wir entwickelten Strategien sowohl für vorbeugende Maßnahmen als auch für den Fall des Eintretens ernst zu nehmender Probleme (siehe Kapitel »Spezielle Vorbereitung«).

Grundsätzlich sind alle identifizierbaren DNF-Gründe ursächlich mentaler Natur, auch wenn die meisten sich durch körperliche Beschwerden äußern. Selbst Stürze, die einen Rennabbruch nach sich ziehen, sind letztlich Folge von mangelnder Konzentration, oft hervorgerufen durch eine falsche Einstellung zum Rennen oder einfach durch Schlafentzug. Beides wäre wiederum die Folge taktischer oder strategischer Fehler und somit auf ein mentales Problem zurückzuführen.

Die DNF-Rate liegt ziemlich genau bei 50 %. Bei den bisher 651 Starts bis 2008 gab es 330 Finisher, das heißt im Umkehrschluss zunächst einmal 321 individuelle Gründe für einen Abbruch des Rennens.

Manchmal kumulieren sicherlich auch mehrere Gründe, bevor eine solche Entscheidung gefällt wird. Dazu kommen Probleme, die von erfolgreichen Finishern zwar gemeistert wurden, die jedoch, falls man nicht genügend vorbereitet ist, einen Abbruch herbeiführen können.

Obwohl DNF-Ursachen meines Erachtens vor allem mental begründet sind, lohnt es sich, sie in ihren körperlichen Ausprägungen zu analysieren. Folgende Auflistung stellt jedoch keine Gewichtung der Häufigkeiten dar:

- Orthopädische Probleme
  - Shermer's Neck (Nackenmuskulatur kann Kopf nicht mehr halten)
  - Sitzproblem (Abszesse, offene Haut, Schmerzen)
  - Kniegelenküberlastung (Schmerzen durch Entzündung)
  - Anschwellen der Füße um bis zu zwei Schuhgrößen, Mittelfußüberlastung
  - Überlastung im Handbereich, Bremsen und Schalten nur unter extremen Schmerzen oder gar nicht mehr möglich
  - Rückenprobleme durch Überlastung des Halteapparates
- Hitze
  - Dehydrierung mit und ohne Magen-Darm-Probleme, komatöse Zustände
  - klassischer Sonnenstich durch Überhitzung
- Magen-Darm-Symptomatik
  - Magenverstimmung bis zum Erbrechen durch exzessive Nahrungs- und Flüssigkeitsaufnahme; Gastritis, Sodbrennen und Dehydrierung
  - Durchfall durch Störung der Darmflora bis zur Dehydrierung und Elektrolytstörungen bis zu komatösen Zuständen
  - Energiedefizit infolge Störung der Nahrungsaufnahme
- Übermüdung
  - Demotivation durch exzessiven Schlafmangel
  - Unfälle durch Sekundenschlaf
  - Paranoide Zustände durch Überlastung und Schlafentzug
- Zu niedrige Geschwindigkeit
  - Leistungsabfall durch körperliche und mentale Ermüdung
  - nicht ausreichende Vorbereitung
  - mangelnde Athletik und/oder Motivation
- Probleme im Begleitteam
  - Streit/Probleme im Begleitteam wegen Enge und Schlafmangel
  - Unfall eines Begleitfahrzeugs
  - Begleitfahrzeug fährt wegen Übermüdung den eigenen Rennfahrer an
- Zeitstrafen
  - Selbst geringste Vergehen (z. B. bei einem Stoppschild nicht zu einem völligen Halt zu kommen) können zu Zeitstrafen führen, die auch ein Begleitfahrzeug verursachen kann, welches sich Hunderte von Kilometern vom Rennfahrer entfernt befindet. Eine Disqualifikation erfolgt ab der 6. Zeitstrafe

Aufmarsch der Gladiatoren: die Solo-Fahrer des Race Across America 2008!

- Atemwege
  - Austrocknen der Schleimhäute bis zu Lungenblutungen
  - Infektionen der Atemwege durch die hohe Belastung (z. B. Übergang von trockener, heißer Wüste in die feuchtkalten Rocky Mountains)
- Motivationsprobleme
  - Erschöpfung
  - Unstimmigkeiten im Begleitteam
  - körperliche Schmerzen
  - mangelnde Visualisierung in der Vorbereitung
  - häufiges Verfahren durch Fehler in der Navigation

Für alle derartigen Gründe, die wir identifizieren konnten, wurden prophylaktische und therapeutische Maßnahmen entwickelt. Die meisten davon werden in den Abschnitten zur »Speziellen Vorbereitung« vorgestellt.

Die Geschichte des Rennens

Die Idee einer Amerikadurchquerung auf dem Fahrrad entstand schon 98 Jahre vor dem ersten Race Across America, welches im Jahre 1982 stattfand. Am 22. April 1884 startete Thomas Stevens in San Franzisko im Alleingang die erste erfolgreiche Durchquerung des nordamerikanischen Kontinents. Er erreichte Boston am 4. August 1884. Insgesamt 104 Tage und 6 Stunden benötigte er für die 3500 Meilen auf seinem Columbia-Hochrad. Es hatte weder eine Gangschaltung noch eine Kette, die Pedale waren direkt an der Vorderradachse befestigt. Seine Durchschnittsgeschwindigkeit inklusive aller Pausen lag bei 2,2 km/h.

Hochrädern gelang ab etwa 1880 der Durchbruch, obwohl sie zum Überschlag nach vorn neigten und so manche Fahrt mit einem fatalen Sturz endete. Umso erstaunlicher die Leistung der Pioniere, welche die enormen Strapazen auf noch nicht befestigten und nach Regen immer matschigen Straßen ohne adäquate Infrastruktur bewältigten.

Die am besten dokumentierte Reise unternahm George Nellis (1865–1948) im Jahre 1887, ebenfalls auf einem Columbia-Hochrad. Als 21-jähriger Zeitungsreporter startete Nellis am 24. Mai in Herkimer bei New York und erreichte San Franzisko in nur 72 Tagen, dabei unterbot er den bestehenden Rekord gleich um mehrere Wochen.

Sein für damalige Verhältnisse »normales« Fahrrad hatte ein Vorderrad mit 130 cm Durchmesser, einen Stahlrohrrahmen und Hartgummireifen. Nellis fuhr im Durchschnitt täglich 80 Kilometer in etwa 10 Stunden. Da er sich weitgehend selbst versorgen und schützen musste, hatte er in seinem spärlichen, auf den Rücken geschnallten Gepäck neben einem Gummibeutel mit Wasser, Straßenkarten (soweit solche vorhanden waren) und Kleidung auch eine Derringer, eine Taschenpistole! Dazu kam noch einiges an Schreibutensilien, denn jeden Abend schrieb er seine Erlebnisse auf und versandte sie an seine heimatliche Zeitung.

Er berichtete, wie er nach einem heftigen Regen fast in einem Sturzbach ertrank oder gerade noch einem zornigen Stier entkam. Mit seiner Derringer erschoss er einen aufdringlichen Kojoten, auch wurde er beinahe Opfer einer Fata Morgana in Utahs großen Salzwüsten. Auf der Reise verlor er über 10 kg an Gewicht.

Die insgesamt zehn Männer, die solche transkontinentalen Durchquerungen im 19. Jahrhundert meisterten, erregten jedoch wenig öffentliches Aufsehen in einem Land, das mit Planwagen schon vielfach durchquert worden war und sowohl von Telegrafenleitungen als auch einer Bahnlinie durchzogen wurde. Bezeichnend für dieses Desinteresse ist ein Kommentar in der »Chicago Daily News« im Juli 1884 zu Thomas Stevens' Zwischenstopp bei der ersten Durchquerung des amerikanischen Kontinents mit einem Fahrrad: »Wenn ein Radfahrer 72 Tage von San Franzisko nach Chicago benötigt, fühlen wir uns zu der Meinung genötigt, dass er mehr Zeit als Verstand zur Verfügung hat. Dieser Mann zeigt nicht, dass das Fahrrad irgendeinen Vorteil gegenüber einem erstklassigen Ochsengespann besäße.«

Seit diesen ersten Pioniertaten wurde der Transkontinental-Rekord alle zehn Jahre um ein paar wenige Tage verbessert. Erst in den 1970er-Jahren wollte mit John Marino zum ersten Mal jemand ernsthaft herausfinden, wie schnell ein Rennrad unter rein sportlichen Vorgaben, das heißt mit auf Geschwindigkeit optimierter Logistik, quer durch die USA gefahren werden könnte. Damit begannen die modernen transkontinentalen Radrennen. Pete Penseyres, Inhaber des Geschwindigkeitsrekords mit Tempo 24,78 km/h (inklusive sämtlicher Pausen, beim RAAM 1986), hält daher John Marino uneingeschränkt für den eigentlichen Vater des Race Across America: »Ohne Johns Vision und Mitwirkung wäre das RAAM niemals entstanden.«

Im Jahre 1982 traten mit John Marino, Lon Haldeman, Michael Shermer und John Howard zum ersten Mal mehrere Fahrer gleichzeitig gegeneinander an: Das »Great American Bike Race« war geboren; später wurde es in Race Across America umbenannt.

Startpunkt war die Pier von Santa Monica in Kalifornien, und Lon Haldeman kam als Erster, nach 9 Tagen und 20 Stunden, im Ziel am Empire State Building in New York an. Auch seine drei Konkurrenten erreichten New York. Seit damals findet das RAAM jedes Jahr statt – immer im Juni, um maximales Tageslicht zu haben. Jedesmal wurde von der Westküste zur Ostküste der USA gefahren, jedoch auf unterschiedlichen Routen.

Alles an seinem Platz, und so sollte es auch bleiben!

Das österreichische Team um Franz Preihs, der neben mir schon sehr fokussiert wirkt.

Glaubwürdigkeit in professionellen Radzirkeln erhielt das RAAM, als im Jahre 1985 mit Jonathan Boyer zum ersten Mal einer der derzeit besten amerikanischen Radprofis (12. der Tour de France 1983), an den Start ging. Bis zu diesem Zeitpunkt hielt man die RAAM-Teilnehmer nur für recht langsam fahrende Radtouristen. Beim RAAM 1985 war dann Boyers Siegerzeit mit 9 Tagen und 2 Stunden jedoch weniger interessant als die Tatsache, dass Michael Secrest nur zwei Stunden später das Ziel erreichte. Er war ein reiner Amateur, der sich auf Ultradistanzen spezialisiert hatte! Secrest bewahrte die Gemeinschaft der Ultradistanz-Enthusiasten nicht nur vor einer Blamage, sondern bewies damit, dass Radrennen wie das RAAM eine speziell trainierbare und damit eigene Radsportkategorie darstellen.

Im Jahre 1989 entschied man sich, nicht nur Solisten, sondern auch Teams starten zu lassen. Die Belastung der Teamfahrer ist eine völlig andere als jene der Einzelfahrer, es handelt sich insofern eigentlich um zwei verschiedene Sportarten in einem Event. Da die Staffelteams überhaupt keine Pausen einlegen müssen und sich die Fahrer meist länger regenerieren können, kommen sie im Gegensatz zu den Solisten erheblich schneller voran: Bis zu 900 km werden so täglich gefahren.

Das erste 4-Mann-Staffelteam ging auf einem HPV (Human Powered Vehicle) an den Start: Das US-Team »Lightning« setzte auf voll verkleidete Rennräder und machte mit einem Temporekord von 38,67 km/h Geschichte. Schon nach 5 Tagen und einer Stunde erreichte das Team das Ziel an der Ostküste.

Erst 1992 gingen die ersten vier 4-Mann-Staffeln auf normalen Rennrädern an den Start. Seit 2004 hält das Team »Action Sports« aus den USA mit 37,11 km/h über

17

Training in Südbaden im Frühjahr – im Hintergrund das Glottertal, das Elztal und der Kandel, mein Hausberg.

5 Tage und 8 Stunden den transkontinentalen Temporekord.

Das erste 2-Personen-Team startete im Jahre 1997. Das Team »Coast to Coast« setzte 2004 den bis heute gültigen Geschwindigkeitsrekord von 30,11 km/h über 6 Tage und 14 Stunden. Im Jahre 2004 meisterten Joey Kelly und Jutta Kleinschmidt als prominente Mixt-Staffel das RAAM in acht Tagen, zwölf Stunden und 41 Minuten. Die Strapaze war jedoch erheblich. Jutta Kleinschmidt auf ihrer Webseite dazu: »Ich könnte mir vorstellen, das RAAM noch einmal zu fahren, aber dann würde ich ein Viererteam vorziehen, um die Last auf vier Personen statt auf nur zwei zu verteilen.«

Seit 2003 sind sogar 8-Personen-Teams am Start. Im Jahre 2008 setzte das Team Byggkjøp von BMC Cycling mit 5 Tagen, 9 Stunden und 56 Minuten einen neuen Rekord. Es verbesserte damit den transkontinentalen Rekord von Team »Typ 1 Diabetes« vom Jahr zuvor um etwa 6 Stunden.

Franz Preihs, ein Mann, der für den Extremradsport lebt.

Mit 37,2 km/h fuhr es auch das höchste Durchschnittstempo in allen Kategorien (mit Ausnahme der HPV), war damit jedoch nur unwesentlich schneller als das 4-Personen-Team »Action Sports« bei seiner Rekordfahrt 2004. Das Team »Typ 1 Diabetes« kam 2008 mit etwa vier Stunden Rückstand ins Ziel, wobei die Teammitglieder hier nicht nur mit der sportlichen Herausforderung, sondern vor allem auch mit der ständigen Kontrolle ihres Blutzuckers zu kämpfen hatten.

Eine Tandem-Kategorie wurde 1990 eingeführt. Den Geschwindigkeitsrekord von durchschnittlich 23,41 km/h mit einer Gesamtzeit von 8 Tagen und 8 Stunden halten Lon Haldeman, Solo-Sieger der ersten beiden Jahre, und Bob Breedlove. Letzterer machte auf tragische Weise bei seiner Teilnahme als Solist im Jahre 2005 auf sich aufmerksam. Sein tödlicher Unfall, vermutlich ausgelöst durch Sekundenschlaf bei der Abfahrt vom Wolf Creek-Pass, entfachte eine lebhafte Diskussion über Schlafentzug und führte zur Einführung von mandatorischen Schlafpausen in einer gesonderten Kategorie beim RAAM 2006.

John Schlitter war im Jahre 2008 der erste Solofahrer, der das RAAM auf einem Liegefahrrad bewältigte. Er benötigte dazu 11 Tage, 2 Stunden und 50 Minuten. Eine halbe Stunde nach John Schlitter erreichte der 62-jährige David Jones das Ziel in Annapolis und wurde für seine Gesamtzeit und sein Durchschnittstempo zum Rekordhalter in der Kategorie 60+. Er bewies damit, dass gerade im Ultralangstreckenbereich auch im fortgeschritteneren Alter noch hervorragende Leistungen möglich sind.

Jüngster Finisher in der Geschichte des Rennens war der 18-jährige Ben Couturier aus Alaska, der im Jahre 2005 als Siebter ins Ziel kam. Er benötigte dazu 11 Tage, 3 Stunden und 10 Minuten und fuhr damit ein Tempo von durchschnittlich 18,3 km/h. Interessanterweise sind damit der jüngste und der älteste Finisher in etwa die gleichen Zeiten gefahren.

Im Folgenden eine kleine Auswahl an Bemerkenswertem und teilweise auch Kuriosem aus der Geschichte des Race Across America:

- 1990 wurde der Führende Paul Solon, der im Vorjahr als Solist gewinnen konnte, wegen Erregung öffentlichen Ärgernisses in Handschellen abgeführt und eingesperrt: Er war seinem kleinen Geschäft am Straßenrand nachgegangen!
- Im Jahre 1984 beendete Jim Elliott, ein Epileptiker, trotz der Einnahme schwerer schlafinduzierender Medikation als Dritter das RAAM. Ähnliches gelang George Thomas, der auch unter schweren epileptischen Anfällen litt und 1995 unter Medikation finishte.
- 1987 fuhr Jim Penseyres, der Bruder des RAAM-Champions und bisherigen Temporekordhalters Pete Penseyres, als Vietnam-Veteran mit einer Beinprothese das Rennen in 11 Tagen, 9 Stunden und 36 Minuten.
- Im gleichen Jahr versuchte sich eine Hollywood-Prominenz, der Bodybuilder »Johnny G«, beim RAAM. Er hatte die Hoffnung, entweder zu gewinnen, ins Fernsehen zu kommen oder zumindest für sein Bodybuilding-Unternehmen werben zu können. Er entdeckte aber bald, dass es sich um ein echtes Radrennen handelte und beendete es vorzeitig. Allerdings kam er ein Jahr später wieder und erreichte den 12. Platz. Auf dem Weg dahin wurde er zum Erfinder des »Spinnings«! Er entwickelte das Spinner-Bike, da seine Frau hochschwanger war und er nach einer Möglichkeit suchte, sein Training zumindest teilweise nach »Indoor« zu verlegen. Die ersten Spinning-Stunden fanden später in Johnnys Garage in L.A./ USA statt. Bei 20 000 Spinning-Centern und 60 000 Spinning-Instruktoren in über 80 Ländern war diese Radsportvariante zeitweise die erfolgreichste Sportbewegung des letzten Jahrzehnts.
- In den letzten 27 Jahren erreichten gerade einmal etwa 200 verschiedene Fahrer das Ziel. Einige davon jedoch mehrfach, sodass insgesamt 330-mal eine Teilnahme erfolgreich beendet wurde. Bei bisher 651 Teilnahmen entspricht das etwa einer Erfolgsquote von 50 %. Oder einer DNF-Quote von 50 %, je nach Betrachtungsweise.

Die bisherigen Sieger der Solo-Kategorie Männer:

1982	Lon Haldeman (USA)	Great American Bike Race
1983	Lon Haldeman (USA)	Race Across America
1984	Pete Penseyres (USA)	Späterer Temporekordhalter
1985	Jonathan Boyer (USA)	Fünffacher Tour de France-Teilnehmer
1986	Pete Penseyres (USA)	Rekordfahrt bis heute: 24,78 km/h brutto
1987	Michael Secrest (USA)	Im fünften Anlauf
1988	Franz Spilauer (AUT)	Erster europäischer Sieg
1989	Paul Solon (USA)	Rekordfahrt: 8 Tage, 8 Stunden und 45 min
1990	Bob Fourney (USA)	Dreimaliger Gewinner:
1991	Bob Fourney (USA)	zweimal Solo und zuvor 1989 im 4-Mann-Team
1992	Rob Kish (USA)	Rekordfahrt bis heute: 8 Tage und 3 Stunden
1993	Gerry Tatrai (AUS)	Zweimaliger Sieger
1994	Rob Kish (USA)	Dreimaliger Sieger bei 19 (!) erfolgr. Teilnahmen
1995	Rob Kish (USA)	Dreimaliger Sieger bei 19 (!) erfolgr. Teilnahmen
1996	Daniel (Danny) Chew (USA)	Zweimaliger Sieger bei 9 (!) erfolgr. Teilnahmen
1997	Wolfgang Fasching (AUT)	Dreimaliger Sieger bei 9 (!) erfolgr. Teilnahmen
1998	Gerry Tatrai (AUS)	Zweimaliger Sieger
1999	Daniel (Danny) Chew (USA)	Zweimaliger Sieger bei 9 (!) erfolgr. Teilnahmen
2000	Wolfgang Fasching (AUT)	Dreimaliger Sieger bei 9 (!) erfolgr. Teilnahmen
2001	Andrea Clavadetscher (SUI)	Sieg im dritten Anlauf
2002	Wolfgang Fasching (AUT)	Dreimaliger Sieger bei 9 (!) erfolgr. Teilnahmen
2003	Allen Larsen (USA)	Sieg im zweiten Anlauf trotz Shermer's Neck
2004	Jure Robic (SLO)	Erster Sieg von vier (Rekord!)
2005	Jure Robic (SLO)	Zweiter Sieg von vier (Rekord!)
2006	Daniel Wyss (SUI)	Erster Schweizer Sieg
2007	Jure Robic (SLO)	Dritter Sieg von vier (Rekord!)
2008	Jure Robic (SLO)	Vierter Sieg und damit Rekordhalter

Die bisherigen Sieger der Solo-Kategorie Frauen:

1984	Shelby Hayden-Clifton (USA)	Erste erfolgreiche Teilnahme einer Frau
1985	Susan Notorangelo-Haldeman (USA)	Ehefrau des RAAM-Pioniers Haldeman
1986	Elaine Mariolle (USA)	10 Tage und 2 Stunden: RAAM-Rekord
1987	Casey Patterson (USA)	
1988	Cindi Staiger (USA)	
1989	Susan Notorangelo-Haldeman (USA)	Zweiter Sieg
1990	Nancy Raposo (USA)	
1991	Cathy Ellis (USA)	
1992	Seana Hogan (USA)	Erster von sechs Siegen
1993	Seana Hogan (USA)	Zweiter von sechs Siegen
1994	Seana Hogan (USA)	Dritter von sechs Siegen
1995	Seana Hogan (USA)	Bisheriger Temporekord: 21,30 km/h
1997	Seana Hogan (USA)	Fünfter Sieg, Temporekordhalterin
1998	Seana Hogan (USA)	Sechster Sieg, Temporekordhalterin
2000	Cassie Lowe (AUS)	Erste nicht-amerikanische Siegerin
2001	Cassie Lowe (AUS)	Zweiter Sieg für Österreich in Folge
2005	Shanna Armstrong (USA)	Erster von zwei Siegen
2006	Shanna Armstrong (USA)	Zweiter Sieg, einzige erfolgr. weibl. Teilnehmerin

In den hier nicht aufgeführten Jahren waren entweder keine Frauen am Start oder keine der Starterinnen erreichte (wie beim RAAM 2008) das Ziel.

Die Frage nach dem Warum

Entspannte Mienen vor dem Start: meine Teamchefs Markus (links) und Horst (rechts) mit Uwe, unserem Medienmann.

Dies ist sicher eine der interessantesten Fragen, die man bezüglich des RAAM stellen kann. Sie ist zumindest meist die erste, die an mich herangetragen wird.

Als ich anfing, mir ernsthaft darüber Gedanken zu machen, tappte ich sofort in eine Falle, die mir erst viel später bewusst wurde: Ich verwechselte oberflächliche Motive mit der eigentlichen Ursache für mein Tun. Das fiel mir auch deshalb lange nicht auf, weil fast alle Antworten, die von anderen bisher auf die Warum-Frage gegeben wurden, in diese Motive-Kategorie fallen und eigentlich nie die ultimative Ursache genannt wird. Ob sich ein Extremsportler überhaupt bewusst ist (und er dann vielleicht bewusst verschweigt), was ihn treibt, ist schwer zu sagen.

Motive lassen sich rationalisieren und sind auch für den Außenstehenden nachvollziehbar. Ich vermute jedoch, dass sie oft erst infolge der wahren Ursache entwickelt werden. Dahingegen bleiben die eigentlichen Gründe für unser Tun meist im Unbewussten verborgen. Vielleicht können sie sogar nur so lange eine treibende Kraft sein, wie sie unbewusst sind.

Es gibt wohl so viele ganz persönliche Gründe wie Teilnehmer, weshalb man sich der enormen Herausforderung des RAAM stellt. Sicher geht es nicht um Geld. Dafür hat vermutlich noch niemals jemand teilgenommen. Kein Preisgeld würde ausreichen – zumal es keines gibt!

Viele der oft sehr einfachen Antworten auf die Warum-Frage liefern aber immer wieder nur Motive. Wie zum Beispiel: »Warum nicht?« Oder: »Weil es das Rennen gibt!« All dies erinnert an Reinhold

Messners Antwort auf die Frage nach der Sinnhaftigkeit, die höchsten Berge zu erklimmen: »Weil sie da sind!«

Als ich einmal von einem Reporter nach dem Warum gefragt wurde, gab ich zur Antwort, dass ich als jugendlicher Marathonläufer davon träumte, einmal bei den Olympischen Spielen dabei zu sein. Leider hätte eine beginnende Kniegelenksarthrose meinem Traum ein Ende bereitet. Infolgedessen hätte ich noch eine Rechnung offen! Mit dieser Antwort war er und vermutlich die meisten seiner Leser zufrieden, obwohl ich damit völlig offen ließ, weshalb ich auch schon als junger Mensch solche sportlich sehr ehrgeizigen Ziele verfolgt hatte.

Wo liegen die Gründe? Vielleicht folgt der Extremsportler einem unbewussten inneren Drang, sich und der Welt etwas beweisen zu müssen? Vielleicht ist er auf der Flucht vor einem unerkannten Problem, dem er nicht bereit ist, sich zu stellen?

Meine Motivation dafür, nach Jahren intensiver Berufstätigkeit überhaupt wie-

Der Rekordsieger Jure Robic übernimmt gleich nach dem Start die Führung.

der Sport zu treiben und mit dem Radfahren zu beginnen, zog ich aus dem Wunsch körperlich zu gesunden: Übergewicht, Bewegungsmangel und der berufliche Stress bildeten damals eine fatale Kombination. Erfolg hätte ich demnach als eine Verbesserung des körperlichen Befindens definieren können. Das reichte mir aber nicht aus. Mir wurde sehr schnell bewusst, dass ich auch ein sportliches Ziel finden musste, um mich zum Training zu motivieren.

Damit begann sich das Rad dann im wahrsten Sinn des Wortes zu drehen. Es begann ein Weg, der am Ende die RAAM-Teilnahme als logische Konsequenz forderte. Denn die sportlichen Ziele sollten zwar erreichbar sein, aber ehrgeizig genug, um mich zu einem konsequenten Training zu verpflichten. So wurden sie notwendigerweise immer größer, da sonst der Trainingsreiz verflogen wäre.

Der Maratona dles Dolomites wurde zu meiner ersten Herausforderung. Weitere Rennen mit immer längeren und anspruchsvolleren Strecken folgten; schneller zu sein war für mich dabei keine Motivation. Ich wollte absolute, nicht relative Ziele: Nicht besser als andere zu sein, sondern nur das Durchkommen an sich, das Finishen, motivierte mich.

Ein Grund dafür war sicher, dass mein Training sonst seinen meditativen Charakter verloren hätte. Der Ausgleich zum Berufsalltag wäre verloren gegangen. Ich wollte mich aus reinen Konkurrenzgründen im Training nicht schinden müssen. Der Trainingseffekt würde sich mit der Zeit bei den immer größer werdenden

Einsam geht es durch die kalifornische Wüste hinein in die erste Nacht.

Umfängen ohnehin einstellen. Die seelische Erholung, die sich bei einfachen Bewegungsabläufen einstellt, war für mich schon immer ein motivierendes Gefühl gewesen. Dazu gehört auch das angenehme Körpergefühl, wenn die Muskulatur arbeitet, der Atem rhythmisch wird und die Natur wie in einem Film vorbeigleitet: Das RAAM versprach eine faszinierende Kulisse.

Ein weiterer, sehr motivierender Aspekt – der sich allerdings erst spät in der Vorbereitung des Rennens herauskristallisierte – wurde mein Team. Das RAAM bringt Menschen mit den unterschiedlichsten Eigenschaften und Fähigkeiten zusammen. Alle jedoch mit dem Ziel, gemeinsam etwas Besonderes zu erleben und die eine oder andere Freundschaft zu

knüpfen oder zu vertiefen. Ich war dann auch nicht ernsthaft verwundert, als ich gegen Ende meines RAAM in Gedanken fast nur noch für mein Team fuhr.

Michael Shermer, einer der vier RAAM-Pioniere, schreibt, dass persönliches Wachstum eine Konsequenz aus Erfolgen sei. Je größer die gemeisterte Herausforderung, umso selbstbewusster gehe man aus dieser Erfahrung hervor. Da das RAAM sowohl die körperlichen als auch die mentalen Grenzen auslotet, erwächst aus diesem Grenzgang eine ganzheitliche Erfahrung. Das Race Across America wird damit auch ein ultimativer Weg zur Ganzheitlichkeit – zumindest war dies auch meine Hoffnung. Und so kommt dieser Gedankengang dem wahren Grund meiner Teilnahme möglicherweise sehr nahe.

Benny Furrer (Finisher 2003) vor dem Versuch, das RAAM ein zweites Mal mit nur einem Arm zu meistern.

Fahren ohne Pause – die Standardstrategie

Das Race Across America ist ein Einzelzeitfahren, bei dem die Uhr nie aufhört zu ticken. Daraus hat sich eine Rennstrategie entwickelt, bei der möglichst wenig Zeit mit Schlaf oder anderweitigen Pausen »verschwendet« wird. Ich nenne dieses Vorgehen die Standardstrategie, um sie von meiner eigenen Strategie zu unterscheiden.

Auf das fast pausenlose Fahren bereiten sich die Teilnehmer schon im Vorfeld des Rennens spezifisch vor. Soweit erlaubt, wird es auch auf der Strecke mit medizinischen Mitteln, wie zum Beispiel koffeinhaltigen Getränken und Tabletten, unterstützt.

Um das Denken und Verhalten der Rennfahrer, die das Rennen mit der Standardstrategie zu bewältigen versuchen, besser zu verdeutlichen, habe ich ein paar Beispiele zusammengestellt, wie Rookies (Solo-Rennfahrer, die zum ersten Mal teilnehmen), aber vor allem RAAM-Veteranen an dieses Rennen herangehen:

• So fragte mich Danny Chew, neunfacher Teilnehmer und zweifacher Sieger, wie ich es mit dem »kleinen Geschäft« unterwegs handhaben würde. Als ich ihn fragend anblickte, ergänzte er, dass man bis zu drei Stunden auf die Gesamtzeit einsparen würde, wenn man dies während des Fahrens erledigen würde. Auch Jörn Gersbeck, letzter erfolgreicher deutscher Finisher von 1999, machte diese Empfehlung.

• Von einem ehemaligen Betreuer war zu erfahren, dass sein Fahrer ein spezielles Blasentraining durchführte, um die kurzen Pausen möglichst selten einlegen zu müssen. Es gab sogar Empfehlungen, dass nicht zu viel getrunken werden sollte, um nicht unnötig Zeit mit dem Entleeren der Blase zu verlieren. Dies ist medizinisch gesehen äußerst bedenklich, betrachtet man die enorme Hitze, die extrem trockene Luft und die enorme körperliche Belastung.

• Jure Robic berichtete der »New York Times« von speziellem Schlafentzugstraining über 48 Stunden. Zunächst 24 Stunden Training ohne Schlaf, dann 12 Stunden Pause, weiterhin ohne Schlaf,

Mit der Entschlossenheit eines Beduinen durch die Wüsten der USA.

um dann anschließend nochmals 12 Stunden zu fahren. Interessanterweise geht die gängige wissenschaftliche Literatur davon aus, dass man Schlafentzug nicht trainieren kann. Inzwischen kam auch Robic zu diesem Schluss.

• Aufenthalte in Schlaflaboren, um die minimal notwendige Schlafzeit zu eruieren, sind eine sehr gängige Vorgehensweise vieler Athleten.

• Meinem begleitenden Arzt wurde in einem vertraulichen Gespräch von einem ehemaligen Begleitarzt eines Solo-Teilnehmers empfohlen, täglich das Mehrfache der empfohlenen Dosis an entzündungshemmendem Schmerzmittel prophylaktisch zu verabreichen, da RAAM-Solisten ansonsten erfahrungsgemäß nach den kurzen Pausen nicht mehr »hoch kämen«.

Diese wenigen Beispiele belegen, dass eine Alternativstrategie, die möglichst lange Pausen vorsieht, um für natürliche Regeneration schon während des Rennens zu sorgen, für die Mehrheit der Teilnehmer, die sich zunächst auch nur ein Finishen im vorgegebenen Zeitlimit von 12 Tagen zum Ziel gesetzt hatte, einen provokativen Ansatz darstellen musste! Zwei Ausnahmeathleten möchte ich an dieser Stelle gesondert hervorheben:

• Jure Robic, der extremen Schlafentzug wie kaum ein Zweiter zu einer siegreichen Strategie perfektionierte
• Benny Furrer, für mich persönlich der inspirierendste Solist beim RAAM 2008

Jure Robic, viermaliger Gewinner
Die auf extremen Schafentzug ausgerichtete Standardstrategie kann man exemplarisch kaum an einem würdigeren Vertreter als Jure Robic illustrieren. Die meisten RAAM-Solisten fürchten die durch Schlafentzug induzierten Wahnvorstellungen. Robic setzte sie in seinen früheren Rennen als Erfolgsfaktor ein: Bewusst durch massiven Schlafmangel provozierte Paranoia wird für ihn zu einer treibenden Kraft. Damit dominiert Robic, ein slowenischer Berufssoldat, seit Jahren die Welt der Ultradistanzfahrer. Sein Team besteht nicht etwa aus einer Gruppe abenteuerlustiger Freunde, die einmal bei einem solchen Ereignis dabei sein wollen, um später ihren Enkeln davon erzählen zu können, sondern aus einer eingeschworenen Truppe in Tarnkleidung: Es geht nur um den Sieg.

In einem Artikel der »New York Times« wurde ein slowenischer Fernsehjournalist mit den Worten zitiert: »Er treibt sich in den Wahnsinn. Er treibt es zu weit.« Eines seiner Crew-Mitglieder sagte einmal: »Was Jure macht, ist erschreckend. Manchmal während des Rennens steigt er vom Rad und kommt zu uns im Begleitfahrzeug, er ist dann sehr wütend.« Auf die Frage des Journalisten, was die Crew dann machen würde, kam die Antwort: »Wir verschließen die Türen.«

Jure Robic begibt sich in Wahnvorstellungen, wie sie alle anderen Fahrer als Ausdruck des exzessiven Schlafmangels fürchten, um seine körperlichen Grenzen zu überwinden. Er ist zudem ein guter Athlet, aber nicht so überragend, dass dies seine Dominanz erklären würde. Robic kommt fast völlig ohne Schlaf und Pausen aus und fährt daher täglich länger und damit auch weiter als die meisten seiner Konkurrenten.

Er sagte einmal über sich selbst: »Während des Rennens werde ich wahnsinnig, ganz sicher. Ich kann dies nicht erklären, aber es ist wahr.« Sein Wahnsinn hat jedoch Methode und läuft nach einem bestimmten Muster ab, welches seine Crew genau kennt. Am zweiten Tag eines typischen Ultracycling-Rennens wird seine Sprache stakkatoartig, am dritten Tag wird er streitlustig. Halluzinationen begleiten und treiben ihn dann bis zum Ende des Rennens.

Er wurde so schon von Bären, Wölfen und Außerirdischen verfolgt. Oder der Asphalt öffnete sich vor ihm, und kodierte Nachrichten erschienen. Manchmal kämpfte er auch mit Briefkästen am Straßenrand. Nachdem er in einem Rennen geglaubt hatte, dass er von schwarzbärtigen Reitern auf Pferden verfolgt würde, erklärte er lapidar: »Mudschaheddin schossen auf mich, und da fuhr ich schneller.« Er begründete seine Strategie mit den Worten: »Während eines Rennens kommt alles aus mir heraus, das Gute, das Schlechte, einfach alles. Mein Verstand macht sich selbstständig. Ich mag das nicht, aber das ist der Weg, den ich gehen muss, um das Rennen zu gewinnen.«

Einsam vorneweg, aber doch nie allein: Das sichernde Begleitfahrzeug ist in geringem Abstand immer dabei.

Jures Begleitteam funktioniert während des Rennens als sein zweites Gehirn – und dieses, nicht das von Robic, gibt den Ton an. »Ab dem dritten Tag«, wird ein Crew-Mitglied zitiert, »sind wir Jures Software. Er ist die Hardware, welche die Straßen herunterfährt.« Jures Team gibt, bis auf Essensauswahl und Toilettenstopps, alles vor: Pausen, Essenszeiten, Nahrungsmengen und sogar die Durchschnittsgeschwindigkeiten. Jure wird noch nicht einmal darüber informiert, wie lange er weiterhin fahren muss oder wo im Rennen er sich befindet. Hierzu betont ein Crew-Mitglied: »Am besten hat er keine Ahnung – er fährt, und das ist alles.«

Bei allen Entscheidungen, die sein Teamleiter während des Rennens fällt, geht dieser von einer über viele Jahre gewonnenen Leitgröße aus: In den ganz schweren Momenten, wenn Jure völlig erschöpft ist, wenn er so leer ist und unter Schlafentzug leidet, dass er glaubt, auf dem Rad sterben zu müssen, dann sei noch 50 % Energie vorhanden, die man abrufen könne.

Inzwischen räumt Robic ein, dass die Halluzinationen beim Rennen an Bedeutung verloren haben und er mehr Kontrolle über das Rennen übernommen hat.

Benny Furrer, Finisher 2003 mit nur einem Arm
Ich habe den Schweizer Extremsportler Benny Furrer zum ersten Mal bei meiner RAAM-Qualifikation in Wiedlisbach im Juni 2005 gesehen. Damals konnte ich mir nicht vorstellen, wie man mit nur einem Arm ein über 716 km langes Einzelzeitfahren durch die Alpen bestreiten kann. Aber Furrer erreichte nicht nur das Ziel, er gewann auch überlegen!

Später erfuhr ich, dass er schon das RAAM 2003 erfolgreich bestritten hatte, ebenfalls mit nur einem Arm. Meiner Bewunderung konnte er damit sicher sein. Auf die Frage, weshalb er sich 2008 beim RAAM ein weiteres Mal beweisen müsse, antwortet er auf seiner Homepage: »Es ist eben was Besonderes. Für mich ist das Radfahren wie eine Berufung, ein Erlebnis besonderer Art. Warum ich mir dieses Martyrium noch einmal antun möchte, weiß ich selber nicht genau.«

Unterstützung findet Benny bei seiner Familie, die ihn beim RAAM 2008 begleitete: »Ohne meine Familie würde ich das nicht schaffen. Sie begleitet mich mit meiner Crew auf der Höllentour. Oft war ich nahe dran, das Rennen aufzugeben, stand aber nach intensiven Gesprächen mit meiner Frau und meinem Zwillingsbruder wieder auf und fuhr weiter. Sie wissen, was es für mich bedeutet, rechtzeitig das Ziel zu erreichen.«

Zum Extremsport kam Benny nach einem schweren Motorradunfall im Jahre 1986, der mit 17 Knochenbrüchen und einer späteren Amputation seines linken Armes endete. »Seither brauche ich es mehr denn je. Sport ist und bleibt für mich die beste Therapie.«

Benny und ich kamen in den ersten Tagen des RAAM 2008 etwa gleich schnell voran – und dies trotz völlig unterschied-

Die letzten Startvorbereitungen am Begleitfahrzeug.

licher Strategie. Aufgrund mangelnder Regeneration wurde seine Geschwindigkeit aber täglich geringer und ich holte ihn, nach meinen relativ langen Pausen, zu immer früheren Tageszeiten wieder ein. Bei meinen täglichen Überholmanövern feuerten wir uns immer gegenseitig an. Für mich war er der wahre Held des RAAM 2008.

Leider musste er das Rennen nach einigen Tagen abbrechen! Der ständige Druck des Unterarms auf den Lenker hatte die Nervenstränge in seinem Arm zu sehr geschädigt.

So sehr ich es bedauere, dass Benny Furrer diesmal das Ziel nicht erreichen konnte, so unverständlich erscheint es

mir, dass selbst erfahrene RAAM-Veteranen so wenig auf Vorsorge und Regeneration setzen. Das Beispiel Benny Furrer zeigt jedoch auch, inwieweit dieses Rennen über das normale Maß hinaus den Körper beansprucht und wie eigentlich jedes Teilsystem des Körpers (hier der gesunde Arm) zu einem DNF-Grund werden kann.

Die Standardstrategie ist vermutlich die Hauptursache für die hohe DNF-Rate beim RAAM. Die Analyse der Historie im Vorfeld der Vorbereitungen auf meine Teilnahme war darum fokussiert auf die Frage: Gibt es eine andere Möglichkeit? Das nächste Kapitel beschreibt meine persönliche strategische Alternative.

Vielleicht doch lieber ein Surfbrett mieten? Gedanken vor dem Start, die man natürlich nicht ernsthaft erwägt.

Eine Alternativstrategie:
Nur Theorie oder auch Praxis?

Meine Suche nach einer alternativen Strategie begann mit einer simplen Frage:»Was braucht es, um beim schwersten Ausdauerwettkampf der Welt zu bestehen?«

Fragt man die Veteranen oder konsultiert man die zahlreichen Bücher, so bekommt man stets die gleiche Antwort: einen relativ hohen Level an körperlicher Fitness, gepaart mit einer noch größeren Portion an Motivation. Beides sei nötig, um die Kurbel rund um die Uhr zu drehen, bis man vor Müdigkeit vom Rad fällt, um nach kleinstmöglicher Pause wieder zu fahren, bis man wieder vom Rad fällt.

Dies ohne jegliche körperliche oder mentale Regeneration über einen Zeitraum von bis zu zwölf Tagen durchstehen zu müssen könnte einem Folterkonzept entlehnt sein; vermutlich wurde das RAAM vor allem aus diesem Grund zum weltweit härtesten Ausdauerwettkampf gekürt. Da keine Erholung zwischendurch vorgesehen ist, muss die anfängliche Fitness enorm hoch sein, da diese im Verlauf des Rennens unweigerlich mehr oder weniger stetig verloren geht. Entsprechend muss auch die Motivation enorm hoch sein, wenn man trotz dieses Verlustes, der ständig zunehmenden Schmerzen und einer unmenschlichen Müdigkeit nicht aufgibt. Dafür konnte ich mich nicht begeistern.

Ich hatte schon bei zwei 24-Stunden-Rennen die Auswirkungen eines akuten Schlafmangels gespürt, das reichte mir. Es ist mental schmerzhaft, wenn der Schlafdrang einen übermannt und man trotzdem mit Gewalt versucht weiterzufahren. Es nahm mir fast den Spaß an der sportlichen Herausforderung. Für mich hatte es auch nicht mehr viel mit Sport zu tun, es war einfach nur noch höchst gefährlich!

Als persönliche Antwort auf die Frage nach dem, was nötig ist, beim RAAM innerhalb des Zeitlimits das Ziel zu erreichen, war daher eines für mich von Anfang an klar: Ich suchte nach einer Strategie, die es mir erlauben sollte, diese Herausforderung auch ohne Schlafentzug zu meistern.

Bevor ich jedoch beginnen konnte, eine alternative Rennstrategie mit entweder sehr langen oder zumindest sehr häufigen Schlafpausen zu planen, wollte ich besser verstehen, weshalb die Vorgehensweise der RAAM-Veteranen immer auf der gleichen Strategie basierte.

Folgende Fragen drängten sich auf:
- Ist das RAAM vielleicht nur mit Schlafentzug machbar?
- Wenn eine alternative Strategie möglich ist, weshalb wird sie nicht eingesetzt?

Die letzten Strahlen der Abendsonne am Pazifik: tief durchatmen und Energie tanken.

Nur in wenigen Ausnahmefällen gewann ein Rookie – das sind die Solo-Starter, die zum ersten Mal eine Teilnahme wagen – das Rennen. Die meisten Rookies wollen (wie auch die meisten Veteranen) »nur« als offizielle Finisher, das heißt im vorgegebenen Zeitfenster, das Ziel an der Ostküste erreichen. Trotzdem übernehmen auch Rookies offensichtlich die Rennstrategie der Favoriten, die nicht auf Finish, sondern auf Sieg fahren.

Auch ich wollte bei meiner ersten Teilnahme nur ankommen! Es erschien mir allerdings nicht vernünftig, dafür die Rennstrategie der Siegaspiranten zu kopieren. Die Frage war daher für mich: Was braucht es eigentlich, um »nur« zu finishen?

Um die etwas über 4800 km in zwölf Tagen zu schaffen, müssen täglich in etwa 400 km zurückgelegt werden. Wenn man ein durchschnittliches Tempo von nur 25 km/h zugrunde legt, ist das in 16 Stunden reiner Fahrzeit zu erledigen. Das ist kein allzu hohes Tempo und hätte mir etwa acht Stunden an täglichen Pausen erlaubt, weit mehr als die ein bis zwei Stunden, die sich die Favoriten, aber auch die meisten anderen Fahrer gönnen würden!

»Was braucht es, um diese Geschwindigkeit zu fahren?«, war die nächste logische Frage. Hier konnten nur Leistungsanalysen weiterhelfen.

Bei Laktat-Stufentests wurde für mich eine Individuelle Anaerobe Schwelle (IAS) von etwa 300 Watt (IAS300W) ermittelt. Dies prognostiziert, dass ich diese Leistung über etwa eine Stunde erbringen kann, was ich auf vielen Testfahrten bestätigen konnte.

Bei einem Körpergewicht von 75 kg errechnet sich ein IAS-Quotient von 4 Watt/kg: Mit einer Leistung von etwa vier Watt kann ich jedes Kilogramm meines Körpers bewegen. Dies ist in etwa ein mittlerer Amateurlevel (Hunter Allen, S. 64)! Profiradfahrer erbringen 5,5 bis 6,5 Watt/kg und damit eine um etwa fünfzig Prozent höhere Leistung.

Ich war mir aus theoretischen Überlegungen recht sicher, dass solch hohe Leistungswerte nicht notwendig sind, um das RAAM zu bestehen; noch nicht einmal, um es zu gewinnen.

Im Gegenteil: Da physikalisch betrachtet Leistung multipliziert mit der Zeit der geleisteten Arbeit entspricht – wie bei den Glühbirnen im Haushalt –, muss die Leistung, die man auf Dauer erbringen kann, durch den Kalorienbedarf limitiert sein (Kapitel »Ernährungskonzept«). Die Summe der täglich zugeführten Energie (in Kalorien) plus die über die gesamte Dauer des Rennens verfügbare eigene Reserve entspricht der Tankfüllung, die man verfahren kann. Mehr steht nicht zur Verfügung!

Und wer fährt mit einer begrenzten Tankfüllung weiter – beim Finishen geht es nicht ums Schnellersein! –, der Ferrari oder ein sparsamer Diesel-Motor? Da war ich mir sicher: Ein energieeffizienter Diesel braucht keine 500 PS! So kommt man in zehn Stunden bei 40 km/h weniger weit als in fünfzehn Stunden bei 30 km/h – und beim zweiten Beispiel braucht man weniger Leistung und vor allem weniger Sprit!

Die Firma SRM (Schoberer Radmesstechnik) stellte mir einen Hometrainer mit eingebautem Leistungsmessgerät, aber vor allem mobile Leistungsmesser für meine Rennräder zur Verfügung. Ich nutzte sie für Ausfahrten auf verschiedenen Terrains, auf denen ich das Streckenprofil des Race Across America testen konnte. Damit hatte ich die Information, um die Leistung (in Watt, oder »PS«) zur Geschwindigkeit in Beziehung zu setzen.

Beim RAAM 2008 werden etwa 30 000 Höhenmeter (hm) auf etwa 4800 km überwunden. Das Streckenprofil hat daher eine Richtgröße von etwa 6 hm/km. Auf vergleichbaren Strecken im Training reichte eine Leistung von etwa 150 Watt,

also 50 Prozent meiner IAS300W, um eine Geschwindigkeit von etwa 27 km/h zu fahren. Bei einer täglichen Fahrzeit von etwa 15 Stunden wäre das RAAM 2008 so in knapp unter 12 Tagen zu schaffen gewesen! Und das trotz einer täglichen Pausenzeit von etwa 9 Stunden, wovon ich mir 6 Stunden Zeit für Schlaf versprach, weit mehr als die 1–1,5 Stunden, die sich meine Konkurrenz täglich gönnen würde!

Bis 150 Watt lag ich immer noch im oberen ReKom-Bereich, der empfohlenen Leistung für Training zur Regeneration und Kompensation. ReKom fuhr ich allerdings nur über ein bis zwei Stunden zum Zweck der aktiven Erholung. Würde ich diesen Bereich nach 15 Stunden immer noch als ReKom empfinden? Sicherlich nicht! Das RAAM konnte nicht so einfach sein. Aber wo genau lag der Fehler in meinen Überlegungen?

Zunächst sind genau 400 km täglich nicht realistisch, da man so leicht Gefahr liefe, auf der Strecke festgelegte Sollzeiten nicht einzuhalten und aus dem Rennen genommen zu werden. Die Sollzeiten nach 1600 und 3200 km, also etwa nach dem ersten und dem zweiten Drittel der Rennstrecke, errechneten sich genau nach dem vorgegebenen minimalen Stundenmittel, das man fahren muss. Würde ich also genau 400 km täglich fahren, könnte schon eine rote Ampel dafür sorgen, dass ich zu spät einträfe! Zudem ist Unvorhersehbares wie Unfälle oder Wetterkapriolen zu bedenken.

Ich plante daher etwa 450 km als tägliche Strecke ein. Aber selbst mit diesem

Der letzte Pass vor Cottonwood, Arizona:
Die ersten 700 Kilometer ohne längere
Pause sind geschafft.

Puffer ergaben sich immer noch sieben Stunden Pause – und damit weit mehr, als sich die anderen Fahrer gönnen. Und würden sieben Stunden zum Regenerieren ausreichen? Immerhin würde ich etwa 450 km jeden Tag zurücklegen. Reichten sie nicht aus, würde auch ich unweigerlich langsamer werden!

War das vielleicht die Ursache dafür, dass sich die Standardstrategie beim RAAM durchgesetzt hat? Wird sie den Fahrern durch die Belastung des Rennens aufgezwungen?

Vielleicht hilft ein Blick in die Historie des RAAM:

1. Das RAAM war immer von dem Leitgedanken getrieben, den amerikanischen Kontinent möglichst schnell zu durchqueren.
2. Da die Geschwindigkeit, die man fahren kann, recht limitiert ist, konnte die Gesamtzeit nur durch weniger Pausen gekürzt werden.
3. Paranoide Anfälle infolge Schlafentzugs wurden in Anekdoten als interessante Lebenserfahrung verniedlicht (Bibliografie: Shermer), gesundheitliche Risiken verharmlost, wenn es galt, das Rennen zu gewinnen.
4. Historisch gesehen war eine auf völlige Erschöpfung ausgerichtete Strategie erfolgreich.

Allerdings fiel man historisch von einem Extrem ins andere. Ganz zu Beginn wurde fast nur tagsüber gefahren, das heißt mit sehr langen nächtlichen Pausen. Dann begann ein Wettrüsten, das schnell eskalierte: Jeder versuchte mit noch weniger Schlaf als der Konkurrent das Rennen zu gewinnen. Damit wurde das RAAM nicht mehr nur durch die Athletik, sondern auch durch die Fähigkeit der Fahrer, bei extremem Schlafentzug noch ein Fahrrad steuern zu können, entschieden.

Es braucht daher schon etwas Mut, eine gänzlich andere Strategie – im wahrsten Sinn des Wortes – zu fahren. Aber auch einen sehr starken Glauben an diese eigene Strategie, wenn man noch nicht völlig erschöpft längere erholsame Pausen einlegt, während der Rest des Feldes weiterfährt. Konnte man sich denn sicher sein, dass die Erholung ausreichen würde, den davongeeilten Konkurrenten, der keine Pause eingelegt hatte, wieder einzuholen?

Dazu kommt, dass sobald ein Fahrer der Standardstrategie bis zur nahezu völligen Erschöpfung gefolgt ist, er diese nicht mehr ändern kann, selbst wenn durch die körperliche Erschöpfung die Geschwindigkeit bedrohlich absinkt. Die benötigte regenerative Pause käme dann zu spät und müsste vermutlich länger dauern als der Rest des Rennens. Folglich konnten mögliche derartige Einsichten, die der eine oder andere Fahrer im Rennen sicherlich hatte, nicht mehr erfolgreich umgesetzt werden – und dies hatte vermutlich zur Folge, dass der Fahrer beim nächsten Mal das Gleiche wieder tat, nur mit noch größerer Verbissenheit!

Ich vermutete daher, dass das RAAM nur indirekt einen Zwang zur Standard-

Häufige Urinkontrollen sind wichtig – hier ist alles im grünen Bereich.

strategie auf die Fahrer ausübt. Sie wird gewählt, weil eine Alternative entweder nicht in Betracht gezogen wird – ein mentales Problem –, oder ein Korrekturbedürfnis erst eintritt, wenn man sich mit der falschen Strategie schon zu weit in eine Sackgasse manövriert hat.

Zumindest aber reflektierten diese Überlegungen meine Hoffnung! Eine Leistung von 150 Watt war auch aus anderer Sicht eine vernünftige Richtgröße, da bei 50 Prozent meiner IAS300W die Energieversorgung zu einem hohen Anteil aus dem Fettstoffwechsel bereitgestellt werden würde. Somit sollte auch eine normale Ernährung möglich sein.

Dass ich mich auch nach längerer Fahrt bei einer solchen Belastung immer noch im regenerativen Bereich befinden würde, konnte ich dann bei einem Frühjahrstrainingslager auf Mallorca testen. Nach einer schweren Trainingsfahrt über 240 km in den Bergen legte ich einen ReKom-Tag mit einer aktiven Regenerationsfahrt ein – allerdings über acht Stunden!

Ich wählte ein Streckenprofil von 6 hm/km, was dem des RAAM 2008 entsprach. Mit einem erholsamen Puls von durchschnittlich nur 98 Schlägen pro Minute leistete ich im Mittel 125 Watt bei 25 km/h. Als ich nach immerhin 200 km im Hotel ankam, fühlte ich mich tatsächlich regeneriert und konnte am nächsten Tag, wie schon am Vortag, wieder lange Intervalle in den Bergen fahren.

Unter der damit untermauerten Annahme, dass eine durchschnittliche Tretleistung von etwa 150 Watt ausreichen sollten, um über 25 km/h fahren zu können, und sich zumindest 125 Watt regenerativ anfühlten, drängte sich gleich die nächste Frage in den Vordergrund: Wie kann man die Geschwindigkeit bei dieser Leistung unter ergonomischen Gesichtspunkten weiter erhöhen? Meine Sitzposition, die Räder und meine Kleidung waren die offensichtlichen Ansatzpunkte (siehe Kapitel »Optimierung des Materials«).

Letzte Zweifel an einem alternativen Strategiegedanken verflogen, als ich nur wenige Jahre in der Historie des RAAM zurückging: Chris McDonald, Zweitplatzierter im Jahre 2005, forderte, dass das Regelwerk Schlafpausen vorschreiben müsse. Er selbst hätte insgesamt über vierzig Stunden pausiert und damit Sekundenschlaf und Halluzinationen vermieden. Er sei dennoch enttäuscht über seine zweite (!) Platzierung, da er immer ein hohes Tempo fuhr, vermutlich weit höher als das des Siegers.

Ein Sieg wäre jedoch nur mit für ihn nicht akzeptablen Risiken möglich gewesen. Die für sein Empfinden für die Sicherheit notwendigen Pausen hätten ihn immer wieder zurückgeworfen. Der tragische Todesfall von Dr. Bob Breedlove im gleichen Jahr untermauerte McDonalds Argumentation. Letztendlich plädierte Mc-Donald für eine stärkere Bedeutung der Athletik gegenüber der vorherrschenden Bedeutung von Schlafentzug für ein erfolgreiches Abschneiden.

Noch unter dem Schock durch den Todesfall von Dr. Breedlove wurde im darauffolgenden Jahr mit der Enduro-Klasse eine zweite Solo-Kategorie eingeführt. Teilnehmer der Enduro-Kategorie verpflichteten sich beim RAAM 2006, mindestens vierzig Stunden Pausen über den gesamten Rennverlauf zu akkumulieren.

Wie lange in diesen selbstauferlegten Pausen tatsächlich geschlafen wurde, ist leider nicht dokumentiert. Dafür jedoch der heftige Widerstand gegen die neue Klasse und das Plädieren für das Zurückführen des RAAM auf eine einzige traditionelle Klasse. Für viele, die ihre Stärke in der klassischen Variante sahen, hatte das Rennen seinen einmaligen Charakter verloren! Mit der Einführung der Enduro-Klasse wurde es de facto zu einem Etappenrennen, bei dem die körperliche Fitness einen bedeutenderen Anteil zum Erfolg beitrug. Zudem gab es nun zwei Sieger, einen in der traditionellen und einen in der Enduro-Klasse, was für alle sehr verwirrend war. So gab es ab 2007 wieder nur die traditionelle Klasse – und es wurde wieder ausschließlich mit einer auf Schlafentzug aufgebauten Strategie auf Sieg gefahren.

Aber »traditionelle Kategorie« war ja nicht gleichzusetzen mit »Standardstrategie«. Nichts sprach dagegen, auf meine Alternativstrategie zu setzen und möglichst lange Pausen, bis zu sieben Stunden täglich, zur Regeneration einzuplanen. Würde mein Plan aufgehen, sollte ich bis zum Ziel immer ein hohes Tempo fahren können!

Wie regeneriert man also am besten? Ernährung, Massagen, warme Bäder und letztendlich Schlaf sind offensichtliche Ansatzpunkte: Aber wie optimiere ich Letzteres? Viele kurze oder nur eine sehr lange Schlafpause? Nach einem Gespräch mit dem Leiter des Schlaflabors im Klinikum Kempten, einem der führenden Institute auf diesem Gebiet, entschied ich mich für eine lange nächtliche Einheit und einen kurzen, maximal halbstündigen Schlaf nachmittags im Wohnmobil.

Damit teilte sich mein »Arbeitstag« automatisch in zwei »Schichten«: Frühschicht von der Morgendämmerung bis zur Mittagspause. Duschen, kurz schlafen und essen, bevor es mit frischen Kleidern in die zweite Tagesetappe ging. Nachts ein warmes Bad im Hotel, dann Massage und nach einer etwa fünfstündigen Schlafpause Frühstück im Wohnmobil, bevor der Arbeitstag wieder mit der ersten Schicht begann.

Acht Monate vor dem Startschuss hatte ich meine alternative Strategie in eine Marschtabelle eingearbeitet (siehe rechts), und wir begannen mit den speziellen Vorbereitungen.

Folgende Vorgaben liegen dieser Marschtabelle zugrunde:

• Brutto-Geschwindigkeiten wurden kon-

Kontroll-Station (TS)	Name	km (TS–TS)	Total km	Brutto km/h (TS–TS)	Zeit (h) (TS–TS)	Total Zeit (h)	Lokale Tageszeit (TS–TS) dd:hh:mm	km (TS–TS)	Kommentare
TS 00:	Oceanside, CA	0,0	0,0	0	0,00	0,00	08:12:00		
TS 01:	Lake Henshaw, CA	88,4	88,4	24	3,68	3,68			
TS 02:	Brawley, CA	141,9	230,3	26	5,46	9,14			
TS 03:	Blythe, CA	142,3	372,6	26	5,47	14,61			Nachtfahrt
TS 04:	Hope, AZ	85,5	458,0	26	3,29	18,90			
TS 05:	Congress, AZ	96,9	554,9	24	4,04	22,94			
TS 06:	Prescott, AZ	82,1	637,0	24	3,42	26,36			
TS 07:	Cottonwood, AZ	55,7	692,7	24	2,32	28,68			
TS 08:	Flagstaff, AZ	85,8	778,4	24	3,57	32,25	09:20:15	778,4	
Nacht 2, 1. Übernachtung				0	6,75	39,00	10:03:00		
TS 09:	Tuba City, AZ	15,9	894,3	23	5,04	44,04			
TS 10:	Kayenta, AZ	115,7	1010,0	24	4,82	48,86			
TS 11:	Mexican Hat, UT	71,9	1082,0	24	3,00	51,86			
TS 12:	Montezuma Creek, UT	64,1	1146,0	23	2,78	54,64			
TS 13:	Cortez, CO	80,8	1226,8	23	3,51	58,15	10:22:10	448,4	
Nacht 3, 2. Übernachtung				0	5,35	63,50	11:03:30		
TS 14:	Durango, CO	72,1	1298,9	23	3,13	66,64			
TS 15:	Pagosa Springs, CO	113,1	1412,0	22	5,14	71,78			
TS 16:	Chama, NM	80,8	1492,8	23	3,51	75,29			
TS 17:	Antonito, CO	78,7	1571,5	24	3,28	78,57			
TS 18:	Taos, NM	98,3	1669,9	22	4,47	83,04	11:23:00	443,1	14,0 h vor Limit!
Nacht 4, 3. Übernachtung				0	4,96	88,00	12:04:00		
TS 19:	Cimarron, NM	124,9	1794,7	18	6,94	94,94			
TS 20:	Abbott, NM	72,3	1867,0	25	2,89	97,83			
TS 21:	Clayton,NM	100,9	1967,9	27	3,74	101,57			
TS 22:	Elkhart, OK	132,6	2100,5	30	4,42	106,99	12:23:00	430,7	
Nacht 5, 4. Übernachtung				0	5,01	112,00	13:04:00		
TS 23:	Plains, KS	132,6	2233,1	26	5,10	117,10			
TS 24:	Bucklin, KS	93,5	2326,6	26	3,60	120,70			
TS 25:	Pratt, KS	83,0	2409,7	26	3,19	123,89			
TS 26:	Colwich, KS	117,5	2527,2	26	4,52	128,41	13:20:25	426,6	
Nacht 6, 5. Übernachtung				0	7,59	136,00	14:04:00		
TS 27:	El Dorado, KS	61,3	2588,5	26	2,36	138,36			
TS 28:	Yates Center, KS	103,8	2692,3	25	4,15	142,51			
TS 29:	Ft Scott, KS	93,7	2785,9	25	3,75	146,25			
TS 30:	Collins, MO	101,2	2887,2	25	4,05	150,30	08:12:00		
TS 31:	Camdenton, MO	86,4	2973,6	25	3,46	153,76	14:21:45	446,4	
Nacht 7, 6. Übernachtung				0	6,24	160,00	15:04:00		
TS 32:	Jefferson City, MO	94,1	3067,7	25	3,77	163,77			
TS 33:	Marthasville, MO	120,9	3188,6	26	4,65	168,42			
TS 34:	Mississippi River	111,0	3299,6	26	4,27	172,69			20,0 h vor Limit!
TS 35:	Greenville, IL	74,5	3374,2	25	2,98	175,67	15:19:40	400,6	

Marschtabelle geplant im Oktober 2007 für das RAAM im Juni 2008 (Fortsetzung S. 42)

Kontroll-Station (TS)	Name	km (TS–TS)	Total km	Brutto km/h (TS–TS)	Zeit (h) (TS–TS)	Total Zeit (h)	Lokale Tageszeit (TS–TS) dd:hh:mm	km	Kommentare
Nacht 8, 7. Übernachtung				0	7,33	183,00	16:03:00		
TS 36:	Effingham, IL	80,6	3454,8	26	3,10	186,10			
TS 37:	Sullivan, IN	116,0	3570,8	26	4,46 1	91,56			
TS 38:	Bloomington, IN	108,5	3679,3	26	4,17	195,73			
TS 39:	Greensburg, IN	100,3	3779,5	26	3,86	199,59	16:19:38	405,4	
Nacht 9, 8. Übernachtung				0	4,96	88,00	12:04:00		
TS 40:	Hamilton, OH	102,8	3882,4	25	4,11	211,11			
TS 41:	Blanchester, OH	54,7	3937,1	25	2,19	213,30			
TS 42:	Chillicothe, OH	93,7	4030,8	25	3,75	217,05			
TS 43:	Athens, OH	94,5	4125,2	23	4,11	221,15			
TS 44:	Parkersburg, WV	58,4	4183,7	20	2,92	224,08	17:20:05	404,1	
Nacht 10, 9. Übernachtung				0	5,92	230,00	18:02:00		
TS 45:	Smithburg, WV	78,9	4262,5	22	3,58	233,58			
TS 46:	Grafton, WV	74,2	4336,7	23	3,23	236,81			
TS 47:	Gormania, WV	71,9	4408,6	23	3,13	239,93			
TS 48:	La Vale, MD	74,2	4482,8	23	3,23	243,16			
TS 49:	Hancock, MD	70,5	4553,3	22	3,20	246,36			
TS 50:	Rouzerville, PA	78,9	4632,2	22	3,58	249,95	18:21:58	448,5	
Nacht 11, 10. Übernachtung				0	5,05	255,00 1	9:03:00		
TS 51:	Hanover, PA	63,4	4695,6	25	2,54	257,53			
TS 52:	Mt Airy, MD	59,9	4755,5	25	2,39	259,93			
TS 53:	Odenton, MD	64,7	4820,1	27	2,40	262,33			
TS 54:	Annapolis. MD	23,5	4843,6	25	0,94	263,26	19:11:18	211,5	27,7 h vor Limit!

servativ geschätzt, das heißt inklusive kurzem Mittagschlaf von etwa 30 min plus Duschen und Kleiderwechsel etc. und sämtlichen Toilettenpausen.

- Basis für die Schätzung war zum einen die Vorgabe einer mittleren Leistung von 150 Watt mit Erfahrungswerten aus Training und Wettkämpfen, zum anderen die Schwere des jeweiligen Teilabschnittes zwischen den Zeitstationen.
- Die relative Verteilung der kumulativen Höhenmeter zwischen den Zeitstationen war auf der RAAM-Webseite vorab bekanntgegeben worden (siehe Abbildung rechts). Je höher die Prozentzahl, umso schwerer der Kurs und ge-

ringer die Geschwindigkeit, die ich bei 150 Watt fahren würde.

- Nachtschlaf sollte immer vor Mitternacht beginnen, um einen normalen Biorhythmus beizubehalten. Die nächtlichen Pausen, in Grau unterlegt, waren mit etwa 5–8 Stunden geplant.

Die erste Nacht sollte – mit Pausen alle acht Stunden – durchgefahren werden, um nicht komplett vom restlichen Feld abgeschnitten zu werden. Außerdem ließ sich so die Mojave-Wüste nachts bei etwas angenehmeren Temperaturen durchqueren und schon gleich zu Beginn viel Puffer für das restliche Rennen aufbauen.

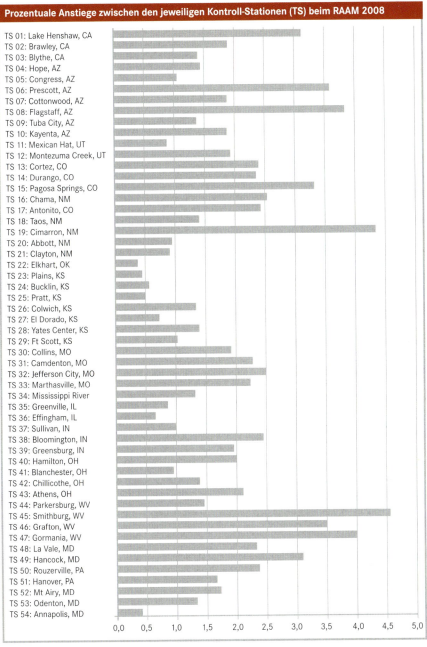

Prozentuale Anstiege zwischen den jeweiligen Kontroll-Stationen (TS) beim RAAM 2008

TS 01: Lake Henshaw, CA
TS 02: Brawley, CA
TS 03: Blythe, CA
TS 04: Hope, AZ
TS 05: Congress, AZ
TS 06: Prescott, AZ
TS 07: Cottonwood, AZ
TS 08: Flagstaff, AZ
TS 09: Tuba City, AZ
TS 10: Kayenta, AZ
TS 11: Mexican Hat, UT
TS 12: Montezuma Creek, UT
TS 13: Cortez, CO
TS 14: Durango, CO
TS 15: Pagosa Springs, CO
TS 16: Chama, NM
TS 17: Antonito, CO
TS 18: Taos, NM
TS 19: Cimarron, NM
TS 20: Abbott, NM
TS 21: Clayton, NM
TS 22: Elkhart, OK
TS 23: Plains, KS
TS 24: Bucklin, KS
TS 25: Pratt, KS
TS 26: Colwich, KS
TS 27: El Dorado, KS
TS 28: Yates Center, KS
TS 29: Ft Scott, KS
TS 30: Collins, MO
TS 31: Camdenton, MO
TS 32: Jefferson City, MO
TS 33: Marthasville, MO
TS 34: Mississippi River
TS 35: Greenville, IL
TS 36: Effingham, IL
TS 37: Sullivan, IN
TS 38: Bloomington, IN
TS 39: Greensburg, IN
TS 40: Hamilton, OH
TS 41: Blanchester, OH
TS 42: Chillicothe, OH
TS 43: Athens, OH
TS 44: Parkersburg, WV
TS 45: Smithburg, WV
TS 46: Grafton, WV
TS 47: Gormania, WV
TS 48: La Vale, MD
TS 49: Hancock, MD
TS 50: Rouzerville, PA
TS 51: Hanover, PA
TS 52: Mt Airy, MD
TS 53: Odenton, MD
TS 54: Annapolis, MD

0,0   0,5   1,0   1,5   2,0   2,5   3,0   3,5   4,0   4,5   5,0

Prozentuale Anteile der Anstiege zwischen den jeweiligen Zeitstationen in Bezug auf den gesamten Anstieg von kumulativ etwa 30 000 Höhenmetern.

43

Relativ flache Passagen (z. B. TS 20–29) wurden mit durchschnittlichen Geschwindigkeiten von 25–30 km/h kalkuliert, wohingegen die Teilabschnitte mit mehr Höhenmetern (z. B. TS 45–50 durch die Appalachen) nur mit 22–23 km/h veranschlagt wurden.

Eine Strategie mit diesen sehr langen Pausen machte eine Top-Platzierung unwahrscheinlich, das Finishen dafür umso wahrscheinlicher. Insgesamt zeichneten sich bei meiner vorsichtigen Einschätzung eine ganze Reihe positiver und teilweiser überraschender Konsequenzen ab, die noch rein theoretisch waren und die es beim RAAM 2008 zu beweisen galt:

1. Bei einer Dauerleistung von »nur« 50 Prozent meiner IAS300W würde ich weit unter meiner maximalen Leistungsgrenze fahren.
2. Die geplanten sieben Stunden an täglicher Pause mit großem Schlafanteil (60 Stunden für das gesamte Rennen über die gesamte Renndauer wurden veranschlagt) sollten für »vollständige« Regeneration sorgen.
3. Insgeheim hoffte ich, dass sich nach einer nächtlichen erfolgreichen Regeneration sogar Trainingseffekte im Laufe des Rennens einstellen könnten!
4. Der Energiebedarf sollte gut zu kalkulieren und die Zusammensetzung der Nahrung mit einem relativ hohen Fettanteil gut zu decken sein (Kapitel »Ernährungskonzept«).
5. Die alternative Strategie versprach einen gewissen Spaßfaktor. Ich hatte

ohne Schlafentzug mehr Freude an den beeindruckenden Landschaften zu erwarten.
6. Nachtfahrten wären mit Morgengrauen und Abenddämmerung auf die angenehmeren Teile beschränkt, solange ich die längere Pause über Mitternacht planen würde.
7. Meine lange Nachtpause würde es der direkten »Konkurrenz«, die ich abends überholte, erlauben, mich zu passieren, sodass ich sie am nächsten Tag erneut wieder vor mir hätte. Da ich etwa 6–10 km/h schneller unterwegs sein sollte, könnte ich dann wiederum tagsüber überholen: Das sollte sehr motivierend sein.

Der letzte Punkt wäre für das RAAM ungewöhnlich, denn normalerweise sortiert sich schon kurz nach dem Start das Fahrerfeld. Überholmanöver werden mit zunehmender Renndauer immer seltener, da sich das Teilnehmerfeld immer weiter auseinanderzieht: Man fährt schon sehr früh im Rennen immer alleine, ohne Sichtkontakt zu anderen Fahrern!

Der wichtigste Faktor, die alternative Strategie letztlich zu wagen, war schließlich die Vorgabe der Kinder, dass Papa wieder gesund nach Hause kommen soll. Schwere Stürze oder Kollisionen mit entgegenkommenden Autos mit Todesfolge sind bisher fast immer durch Sekundenschlaf oder Paranoia-Anfälle ausgelöst worden. Derartige Schlafentzugsprobleme würde ich mit der alternativen Strategie völlig vermeiden.

Mein Weg zum RAAM

Vom Ausdauersportler zum übergewichtigen Manager und zurück

Als Jugendlicher trainierte ich immer viel zu viel und viel zu hart, ohne Anleitung, aber dafür voller Enthusiasmus. Mehrfach musste ich in jener Zeit die Folgen von Übertraining erfahren: Es kam zum körperlichen und mentalen Burn-out. Trotzdem war ich recht erfolgreich, aber sicherlich nicht so, wie ich es mit einem vernünftigen Trainingsplan hätte sein können. Schon mit zwanzig Jahren lief ich beim Wäldercup, einem der härtesten Skilanglaufrennen Europas, die 100 Kilometer zum dritten Mal in persönlicher Bestzeit von 7 Stunden und 39 Minuten. Zwei Jahre später, kurz nach dem Physikum im Medizinstudium, gewann ich den Freiburger Sri Chinmoy Marathon in 2 Stunden und 39 Minuten.

Inzwischen waren fast 18 Jahre vergangen, und ich kam einem beruflichen Burnout sehr nahe. Ich brauchte ein Ventil, zumal die abendlichen ein bis zwei Bier nicht mehr halfen, meine gestresste Seele zu beruhigen. Dazu kamen noch 35–40

Markus und Horst im Begleitfahrzeug: Das Roadbook wird für 10 Tage zur Bibel.

überschüssige Pfunde, etwa zwei bis drei für jedes Jahr meiner beruflichen Karriere, die ich mir unbewusst zum Aufbau eines Schutzwalls gegen die harte und manchmal feindliche Umwelt zugelegt hatte.

Ich hatte beruflich einiges erreicht: Promoviert in Medizin, habilitiert in molekularer Genetik, publiziert mit Nobelpreisträgern, und hatte jeweils für einige Jahre in den USA, zunächst an einer Universität, später auch in der aufkeimenden Biotechindustrie gearbeitet. Zuletzt wurde ich Chef einer jungen Münchner Biotech-

Die ersten Berge liegen hinter uns, jetzt kommt der Lenker für die aerodynamische Sitzposition zum Einsatz.

nologie-Firma. Auch familiär war alles so weit im Lot, Sabine und unsere drei Kinder, mittlerweile Teenager, hatten trotz der vielen beruflich bedingten Umzüge ihr Leben im Griff. Aber ich hatte noch eine Rechnung offen, fühlte mich getrieben, ohne zu wissen, was es war und wo die Reise hingehen würde.

Das war mir an diesem denkwürdigen Morgen in Dublin im Jahre 2001 noch nicht bewusst, als ich während einer Geschäftsreise vor dem Frühstück in der Ankleide des Fitnessraums – da ging ich trotz allem immer mal wieder hin – einen übergewichtigen Amerikaner traf. Ich schaute ihn und dann mich selbst an – vermutlich zum ersten Mal wirklich kritisch. In jenem Moment wurde mir meine jahrelange Metamorphose bewusst: »Das sieht nicht gut aus«, war mein tiefgründiger Gedanke. Kaum zurück aus Dublin, kaufte ich mir

ein Mountainbike. Die erste Ausfahrt, gerade einmal 25 Kilometer, wurde zu einer ernsten Herausforderung: Ich bekam meinen ersten Hungerast! Aber dennoch fühlte ich mich gut, sehr gut sogar, als ich halb verhungert und leicht zitternd zu Hause ankam. Ein Anfang war gemacht! Schon zwei Tage später konnte ich dieselbe Strecke ohne größere Probleme fahren, hatte aber auch Proviant mit dabei.

Ich fühlte mich plötzlich wieder als Sportler, zwar übergewichtig, aber voller Zuversicht. Selbst mein rechtes Knie, das normalerweise schon nach wenigen Minuten Laufen anfing zu schmerzen, erlaubte mir das Radfahren.

Ich brauchte ein Ziel. Eine Herausforderung. Das wurde mir schon nach wenigen Touren klar. Zehn Jahre als Manager haben mich eines gelehrt: Ohne ein gestecktes Ziel – machbar, aber gleichzeitig auch herausfordernd – würde die anfängliche Euphorie bald vorbei sein.

Auch Übertraining, wie ich es aus meiner Jugend kannte, musste ich vermeiden. Aber noch wichtiger war es, nicht vor lauter Enthusiasmus einen Herzinfarkt zu erleiden. Ich musste die Sache mit Verstand angehen. Demzufolge begann ich alles zu lesen, was ich über Radsport in die Hände bekommen konnte: Trainingslehre, Analyse der Herzfrequenz, Leistungssteuerung, Ernährung und Stoffwechsel, Radmechanik etc.

Es folgten der Kauf eines Pulsmessers und eine Reihe ärztlicher Untersuchungen: Mein Blutdruck war leicht erhöht, die Cholesterinwerte waren zwar im Rahmen, hätten aber besser sein können. Es gab also keine ernsthaften Einschränkungen, aber viel zu tun. Das Fett musste weg.

Mit der sich langsam einstellenden Fitness sank mein Gewicht, wohingegen die Radtouren immer länger wurden. Ich machte auch in der Firma kein Geheimnis aus meinen Ambitionen. Dem Aufsichtsrat machte ich klar, dass der kreative Wert des monotonen Radelns nicht zu unterschätzen sei und man mich eigentlich für jede Stunde auf dem Rad bezahlen müsste. Schließlich sei ja bekannt – und das gelte auch für mich –, dass man die besten Ideen selten am Schreibtisch bekäme.

Der Formaufbau begann langsam und angepasst an meine jeweilige körperliche Fitness, wie das purzelnde Gewicht in der Tabelle zeigt. Damit war nach einigen Jahren das primäre Ziel des Fahrradkaufs erreicht: Ich hatte wieder ein normales Ge-

wicht, und auch meine Blutwerte waren bestens, sogar der Blutdruck war wieder im unteren Normbereich!

Im dritten Trainingsjahr stieg mein Trainingsumfang nochmals deutlich an. Grund dafür war ein Ziel, das ich als das ultimative Ziel für einen Ausdauersportler schlechthin betrachte: das Race Across America!

Das RAAM war eine blasse Erinnerung, die plötzlich während einer sonntäglichen Ausfahrt im Herbst 2004 vor meinem geistigen Auge auftauchte. Ich hatte als junger Student einmal davon gehört. Kaum zurück, checkte ich im Internet die Seite und rief wenig später meinen besten Freund und späteren Teamleiter, Horst Hauber, an. Horst hielt mich vermutlich für völlig verrückt, er kannte ja meinen körperlichen Zustand. Trotzdem ließ er sich überreden,

Jahr	Gewicht Sommer in Kilogramm	Jahresleistung in Kilometern*
2001	94	2000
2002	85	9241
2003	84	12 462
2004	84	15 823
2005	80	24 927
2006	78	25 319
2007	76	29 744
2008	75	29 924

* Etwa 2/3 der oben angegebenen Jahreskilometer fahre ich aus Zeit- und Witterungsgründen auf einem SRM-Hometrainer. Die »gefahrene« Distanz schätze ich ab über die dabei geleistete Arbeit nach SRM-Messung: 600 kJ entsprechen in etwa 30 km einer Ausfahrt mit dem Rennrad im Grundlagenausdauerbereich in welligem Gelände.

mich zu einem Qualifikationsversuch im Februar des darauffolgenden Jahres in die USA zu begleiten. Das Race Across America wurde zu meinem Traum, zu meinen persönlichen olympischen Spielen.

Eine Trainingsleistung von 25 000 Kilometern, wie ich sie jeweils in den folgenden Jahren 2005 und 2006 fuhr, erscheinen für einen Firmenchef, der 50–60 Stunden pro Woche arbeitet und viele internationale Termine wahrnehmen muss, kaum glaubwürdig. Sie sind aber gut zu schaffen, wenn man konsequent sein Ziel verfolgt! Denn letztlich sind es im Mittel nur 500 Kilometer pro Woche bzw. 17 Stunden auf dem Hometrainer – oder anders ausgedrückt, etwa zehn Prozent einer Woche.

Aufgrund der ungewöhnlichen Trainingszeiten, die sich aus beruflichen Gründen ergaben, und der klimatischen Rauheit Bayerns verbrachte ich die meiste Zeit »Indoor«. Eine typische Trainingswoche bestand aus vier Stunden Training am Samstag und fünf bis sechs Stunden am Sonntagvormittag. Das restliche Training verteilte sich auf je etwa zwei Stunden täglich von Dienstag bis Donnerstag: meist entweder früh morgens vor oder spät abends nach der Arbeit. Zwei Tage die Woche war Pause bzw. aktive Erholung für maximal eine Stunde angesagt, und schon hatte ich meine 17 Stunden zusammen.

Dieser wöchentliche Trainingsumfang war allerdings nur ein Mittelwert. Manchmal trainierte ich weniger und manchmal etwas mehr; je nach Plan und beruflichen Einschränkungen. Am meisten jedoch in

Immer wieder ein Erlebnis: Sonnenaufgang nach kurzer, aber geruhsamer Nacht.

den Wochen, die ich sehr intensiv dem Radsport widmen durfte: Ein- bis maximal zweimal pro Jahr wurde zum Leidwesen der Familie ein Trainingslager als Jahresurlaub deklariert.

Um Arbeit und Sport in diesem Umfang betreiben zu können, geht es nicht ohne die familiäre Unterstützung, nur so ist es möglich, alles unter einen Hut zu bringen! Sabine und die Kinder hielten mir nicht nur den Rücken frei, sie unterstützten mich durch ihre Begeisterung für meine Ziele, auch wenn eine gewisse Sorge immer zu fühlen war.

Sebring Februar 2005 – die Qualifikation für das RAAM scheitert

Das Race Across America ist nicht nur für professionelle Extremsportler offen, sondern für jedermann, der sich für eine Teilnahme qualifiziert.

Es gibt hierfür mehrere durch die *U*ltramarathon *C*ycling *A*ssociation (UMCA) zertifizierte Radrennen. Man qualifiziert sich entweder bei einem 24-Stunden-Rennen über die gefahrene Distanz oder auf einer Ultralangstrecke über die relativ zum ersten RAAM-Qualifikanten gefahrene Zeit.

Ich entschied mich zunächst für Ersteres und peilte gleich das nächstmögliche Rennen an: Sebring in Florida, im Februar 2005. Dies konnte ich gut mit einem geschäftlichen Termin, den ich einen Tag nach dem Rennen in Palm Beach wahrnehmen musste, verbinden.

Um sich in Sebring zu qualifizieren, mussten ohne Windschattenhilfe etwa 690 km in 24 Stunden bewältigt werden. Das entsprach in etwa einem Schnitt von 29 km/h – und schien mir gänzlich unmöglich.

Bis zu der schicksalhaften Eingebung im Herbst 2004, beim RAAM teilzunehmen, war der Ötztaler Radmarathon mein bisher längstes Radrennen gewesen. Mit gerade einmal 240 km war das nur in etwa ein Drittel der Strecke, die für eine erfolgreiche RAAM-Qualifikation gefordert wurde – und mir hatten die 240 km schon gereicht! Da ich für den Ötztaler etwa zehn Stunden benötigte, wäre die Qualifikation

Die Kontrollstation vor dem Monument Valley: Nur die Zapfsäule war kaputt.

nur machbar, wenn die 5500 Höhenmeter des Ötztaler Marathons im Vergleich zum eher flachen Florida einen erheblichen Einfluss auf das Fahrtempo hätten. Wie viel Einfluss das haben würde, konnte ich schlecht abschätzen, die Unternehmung »Qualifikation in Sebring« war also sehr waghalsig. Zudem hatte ich nicht bedacht, dass es etwas gibt, was auch in flachem Gelände einen Berg simulieren kann: Wind! Und auf einem Rundkurs wird dann daraus gleich eine Bergkette!

Weder hatte ich mit Wind ernsthaft gerechnet, noch bedacht, dass man sich davor in einer guten Aeroposition einigermaßen schützen kann – sollte man diese für 24 Stunden einnehmen können. Das war aber leider kein Thema im Vorfeld meiner Überlegungen. Um es kurz zu machen, Florida ging schief:

- Der Wind war erheblich, und aus dem flachen Kurs wurde de facto ein Bergmarathon.
- Mein Fahrrad war auf dem Hinflug verloren gegangen und ich musste mein erstes Ultralangstreckenrennen auf einem Leihrad bestreiten.
- Aus den dreißig Grad am Tag wurden einstellige Temperaturen bei Nacht, was mir dann völlig den Spaß raubte.
- Und letztendlich ging ernährungstechnisch so ziemlich alles schief, was schief gehen konnte: Die letzten zwei Stunden, bevor ich aufgeben musste, fuhr ich freihändig in aufrechter Sitzhaltung, weil mein Magen schmerzhaft gebläht war.

Aber meine Lernkurve musste sehr steil nach oben zeigen. Denn man lernt bekanntlich am besten aus Misserfolgen – solange man sich nicht entmutigen lässt! Das Rennen in Florida war dahingehend sehr instruktiv.

Auf dem Rückflug notierte ich mir 10 Punkte, die ich bis zum nächsten Versuch verbessern musste. Manche sind so trivial, dass man sich wundert, wie ich es überhaupt schaffte, trotz aller Widrigkeiten 550 Kilometer weit gekommen zu sein und damit sogar Erster in meiner Altersklasse wurde. Der wichtigste war jedoch: Die RAAM-Qualifikation ist machbar! Dies war die Mut machende Erkenntnis: Die ersten 12 Stunden war ich mit etwa 370 km sehr gut im Plan. Trotz der vielen Fehler und des Misserfolges war mein Selbstbewusstsein gestärkt.

Wiedlisbach 2005 – die Qualifikation auf vielen Umwegen

Die erste Möglichkeit, das Erlernte umzusetzen, bot sich schon wenige Monate später in der Schweiz, im Juni 2005. In diesem Fall war die Qualifikation nicht ein 24-Stunden-Rennen, sondern es musste eine Distanz von 714 km – wieder ohne Windschatten – in nicht mehr als zusätzlich 15 Prozent der Zeit gefahren werden, die der erste RAAM-Qualifikant benötigt. Bräuchte dieser 20 Stunden, so müsste ich das Ziel in 23 Stunden erreichen, um mich zu qualifizieren.

Die Konkurrenz war schon gleich nach dem Start weit weg, da ich diesmal langsam losfuhr – ich hatte ja etwas ge-

Unsere Marschtabelle gibt den Takt vor.

lernt! –, so musste ich als Letzter mit nur noch einem Mitstreiter an meiner Seite an einem Bahnübergang warten. Die Strecke war äußerst spärlich und unübersichtlich markiert, das Roadbook oft schwer zu interpretieren. Schon nach kurzer Zeit befanden wir uns auf einer Autobahn – und das konnte nicht richtig sein!

Bei einer Tankstelle mussten wir nach dem nächsten Ort fragen, und die Zeit lief uns davon. Und es sollte nicht das letzte Mal sein, dass wir falsch fuhren. Am Ende sollten mit 734 km zwanzig Kilometer mehr als nötig auf meiner Anzeige stehen.

Dieses ständige Falschfahren sorgte für schlechte Stimmung – zwar irgendwie verständlich, aber nicht hilfreich! So konnte ich das RAAM nie schaffen, weder physisch – da würde jedoch ein gutes GPS-System schon viel helfen – noch mental.

Wir verfuhren uns nach etwa zwei Dritel der Strecke noch ein viertes, aber auch letztes Mal, und nur noch wenige Minuten sollten dabei verloren gehen. Der Abstand zur Spitze war noch im Rahmen und wurde dann in einem Schlussspurt über die letzten fünf Stunden, die ich noch mit 34 km/h fuhr, sogar noch deutlich reduziert. Am Ende war ich qualifiziert.

Gewonnen hatte Benny Furrer, aber der hatte das RAAM schon einmal geschafft, mit nur einem Arm! Er war deshalb schon lebenslang qualifiziert und damit kein Maßstab für die 15-Prozent-Regel.

Ich war nur anderthalb Stunden hinter dem ersten Qualifikanten und mit 26 Stunden und 44 Minuten über die 714 km, plus meinen persönlichen 20 km extra, ein super Rennen gefahren.

Aber vor allem hatte ich durch meine fehlerhafte Reaktion auf das wiederholte Falschfahren viel gelernt: Man muss trotzdem immer nach vorne schauen, positiv denken, sonst hat man verloren. Negative Gefühle dürfen keinen Raum einnehmen. Ich hatte durch meinen Ärger, der nicht produktiv war, zeitweise meinen Fokus verloren und die Stimmung in meinem Team zunichte gemacht. Wenn ich beim RAAM alles, was nicht optimal läuft, als psychischen Ballast aufsammelte und wie einen großen Sack mit mir mitschleppte, dann würde ich das Ziel nicht erreichen – sondern unter der Last zusammenbrechen!

Ich sprach mit einem Arbeitskollegen darüber, denn das hatte auch alles Relevanz im »normalen« Leben. Er machte mich auf den weisen Spruch von Friedrich Christoph Oetinger (1702–1782) aufmerksam, der gut zu dieser Situation passte und seither, auch später beim RAAM, zu meinem Leitfaden wurde:

»Der Herr gebe mir die Gelassenheit, Dinge hinzunehmen, die ich nicht ändern kann, den Mut, Dinge zu ändern, die ich ändern kann, und die Weisheit, das eine vom anderen zu unterscheiden.«

RAAM 2006: Zum Scheitern verurteilt

Schon auf der Rückfahrt von Wiedlisbach dachte ich über eine Teilnahme beim RAAM 2006 nach. Horst verstand meine

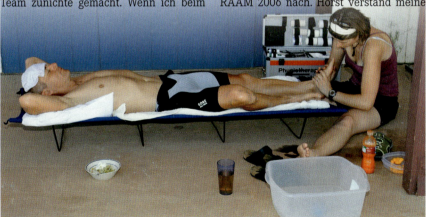

Nach über 500 km durch die Wüste verschafft Annette mir eine kurze regenerative Pause.

Euphorie, war aber gegen eine RAAM-Teilnahme gerade zwölf Monate nach meiner Qualifikation. Er empfahl mindestens zwei weitere Jahre, um meine Form (vermutlich dachte er auch an die mentale) zu verbessern und zu stabilisieren, um so die Chance auf einen Erfolg zu erhöhen. Aber letztlich kam es nie so weit, das RAAM 2006 war von vornherein zum Scheitern verurteilt.

Dafür sorgten zwei konsekutive Unfälle, erst einer im Februar, gefolgt von einem zweiten im Mai 2006. Beide Male war ich mit dem Rennrad auf einem Radweg, beide Male übersah mich ein Autofahrer, und beide Male brachen ein paar Knochen. Nur am Rande erwähnt, beide Male hatte mein Rad nicht einen einzigen Kratzer!

Der letzte Unfall, nur wenige Wochen vor dem RAAM 2006, bedeutete das endgültige Aus. Bei aller Enttäuschung hatte ich dennoch ein paar wichtige Einsichten, die für die Teilnahme beim RAAM 2008 entscheidend waren, vermutlich für den Rest meines Lebens: Auch wenn es bei beiden Unfällen rechtlich gesehen die eindeutig Schuldigen gab – und ich unschuldig war –, so hatte ich dennoch das Gefühl, dass die tieferen Gründe für diese Geschehnisse auch zum Teil bei mir lagen. Ich war zu sehr auf mich fokussiert und daher nicht vorausschauend. Ich hatte mir zu jenem Zeitpunkt einfach zu viel vorgenommen.

So hätte ich die Situationen antizipieren, deutlich langsamer fahren und mit meinen Gedanken geistesgegenwärtiger reagieren können. Ich spürte, wie ich selbst Einfluss auf das Geschehene gehabt hatte. Alles birgt auch eine mentale Ursache!

Das ist das eigentliche Amerika: einsame, nicht endende Geraden – viel Raum zur Meditation.

Würde ich meine Einstellung nicht ändern, könnte all das, was mir passiert war, auch beim RAAM geschehen, und ich wäre nur ein weiterer Datenpunkt einer langen DNF-(Did Not Finish-)Statistik beim RAAM. In den zwei Jahren bis zu meiner Teilnahme beim RAAM 2008 gingen mir diese Einsichten immer wieder durch den Kopf. Meist dann, wenn ich wieder einen Unfall gerade noch, durch Erwarten des Fehlverhaltens Dritter, verhindern konnte. Ein Kind, das sich plötzlich von der Hand der Mutter löst, ein Hund, der die Straßenseite wechselt, ein Autofahrer, der meine Geschwindigkeit unterschätzt und auf eine Kreuzung fährt – fast jede Woche hatte ich eine dieser Situationen. Die schmerzhafte Erfahrung hatte ich wohl machen müssen, um vielleicht Schlimmeres in Zukunft zu vermeiden. Zumindest hoffe ich das sehr, und die vielen Fast-Unfälle, die ich seither zu vermeiden half, schienen diese Erkenntnis zu unterstreichen.

Durch die »Grüne Hölle« (Rad am Ring 2006)

Um 2006 sportlich abzuschließen, entschied ich mich, beim legendären 24-Stunden-Rennen auf dem Nürburgring teilzunehmen. Beim Rad am Ring gewinnt, wer die berühmte Nordschleife um die Nürburg mit etwa 23,5 km Länge am häufigsten in der vorgegebenen Zeit fährt. Mit 500 kumulativen Höhenmetern pro Runde hat der Kurs einen mit dem Ötztaler Bergmarathon vergleichbaren Schwierigkeitsgrad, der immerhin vier knackige Alpenpässe aufweist!

Am Start stand ich neben dem Österreicher Wolfgang Fasching, einer RAAM-Legende, der an diesem Tag den bis heute gültigen Streckenrekord aufstellte. Er fuhr mit 28 Runden etwa 658 km und überwand damit ungefähr 14 000 Höhenmeter.

Ich war auch nicht schlecht unterwegs, bis ich in Runde 21, nach etwa 10 500 Höhenmetern, ungewöhnliche Knieschmerzen bekam, die ich im äußeren Gelenkspalt des linken Knies verspürte. Es fühlte sich an, wie wenn etwas im Gelenkspalt eingeklemmt gewesen wäre. Ich dachte sofort an einen Meniskusschaden oder eine Knorpelabsprengung. Die Schmerzen wurden immer unerträglicher. Angefeuert von meinem Team, fuhr ich noch eine weitere Runde, dann machten nicht nur die Schmerzen, sondern auch die Befürchtung, dass ich mein Knie langfristig schädigen könnte, dem Rennen ein Ende.

Drei Stunden vor dem offiziellen Zielschluss, also nach etwa 21 gefahrenen Stunden, gab ich auf. Dennoch, mit 22 gefahrenen Runden errang ich Platz 13 von den über 200 Teilnehmern.

Später wurde eine akute Entzündung eines Schleimbeutels im iliotibialen Sehnenapparat, der sehnig muskulär das Darmbein mit dem Schienbein verbindet, diagnostiziert. Als Iliotibiales Band-(ITB-)Syndrom tritt es bei Radfahrern eher selten auf, nur bei extremer Überlastung bei ungewohnt hoher Intensität. Es bedarf eines sehr hohen Druckes, sobald das Knie in eine etwa 30-Grad-Streckung gebracht wird, also wenn mit zu großen Gängen entweder bei zu hoher Sattelposition oder

Kurze Pause, Gespräch mit Markus und Annette.

im Wiegetritt gefahren wird. Der fahrtechnisch anspruchsvolle Kurs um die Nürburg, mit steilen Abfahrten und häufig kurzen, aber ebenso steilen Gegenanstiegen, lud mich immer wieder dazu ein, diese in großem Gang im Wiegetritt zu überwinden!

Auch hier gab es wieder etwas zu lernen, was sich beim RAAM als wichtig erweisen sollte: kontrolliert mit Verstand fahren und jegliche Belastungsspitzen vermeiden. Leider ist es auf dem Nürburgring verführerisch, nach steiler Abfahrt das Tempo in den Gegenanstieg so weit wie möglich mitzunehmen und bis zur Kuppe durchzudrücken.

In den USA, wo fast alle Straßen wie ein zentral geplantes Schachbrett verlaufen und an die Geologie angepasste Straßenführungen nur selten zu finden sind, wird häufig auf Straßen zu fahren sein, die sich wellenförmig durch die Landschaft ziehen. Die Nordschleife um die Nürburg war daher ein guter Ratgeber dafür, wie

ich mich beim RAAM besser nicht verhalten sollte!

Von nun an trainierte ich mit möglichst kleinen Gängen und relativ hoher Trittfrequenz, auch in den Bergen mit entsprechend kleinen Übersetzungen. Das ITB-Syndrom könnte ein DNF-Grund beim RAAM werden. Doch ich hatte es selbst in der Hand, dies zu verhindern.

RAAM 2007 fiel dem Beruf zum Opfer
Nachdem eine Teilnahme beim RAAM 2006 gescheitert war, träumte ich bis Dezember 2006 noch von einer Teilnahme beim RAAM 2007. Es sollte wieder nur ein Traum bleiben, weil ich beruflich keine Auszeit für den Renntermin nehmen konnte, da eine Fusion mit einem anderen Biotechnologieunternehmen anstand. Mit erfolgreichem Abschluss im Sommer 2007 konnte jedoch das RAAM 2008 geplant werden! Doch bis dahin standen noch zwei lehrreiche Vorbereitungsrennen im laufenden Jahr 2007 an.

Härter geht es nicht: Race Across The Alps 2007
Trotz sehr anstrengender Monate bis zur Fusion der beiden Firmen plante ich eine Teilnahme beim Race Across The Alps, dem RATA 2007. Das RATA gilt mit zu überwindenden 13 600 Höhenmetern auf etwa 520 km Strecke als das härteste Eintagesrennen der Welt. Dreizehn schwere Alpenpässe müssen nonstop hintereinander gefahren werden.

Das RATA 2007 war vor allem eine lehrreiche Erfahrung im Management des

Auch das ist das Race Across America: stundenlange Fahrten auf den Seitenstreifen der Highways.

Begleitteams. Wie organisiert man die Abläufe, wer eignet sich für eine Teilnahme beim RAAM, wie interagiert das Team am effektivsten? Zum Beispiel wechselte ich 15-mal die Kleider, und zwar völlig, womit ich bei einem Nonstop-Rennen etwa drei Stunden auf die Konkurrenz verlor. Am Schluss war ich mit dem 15. Platz zufrieden. Dennoch entsprachen die 28,5 Stunden nicht meinem eigentlichen Potenzial. Organisationstechnisch war einiges zu verbessern.

Eine weitere Lektion erteilte mir mein Magen. Er rebellierte gegen meine vorwiegend feste Nahrung. Im Gegensatz dazu schien er die flüssige Nahrung, die ich in Form des Recovery Drinks von Powerbar immer auf den Pässen vor den Abfahrten trank, gut zu vertragen. Die Beschwerden

wurden so heftig, dass ich eine Lösung finden musste.

Nach etwa 12 Stunden sagte ich meinem Team, dass ich auf weitere feste Nahrung ganz verzichten würde. Jede Stunde, auch bei den Anstiegen würde ich als alleinige Hauptnahrung einen drittel Liter Recovery Drink von Powerbar zu mir nehmen, dazu den Powerbar Performance Drink zur Grundversorgung an Flüssigkeit und Elektrolyten.

Nach etwa einer Stunde ging es mir besser, und nach einer weiteren Stunde war ich wieder voll bei Kräften. Dies war für mich ein nahrungstechnischer Durchbruch – damit war die Basis für die Ernährung beim RAAM 2008 gefunden!

Eine letzte wichtige Lektion lernte ich bei der Abfahrt vom Albula-Pass. Zu diesem Zeitpunkt, etwa 4 Uhr morgens, hatte ich insgesamt schon über 8300 Höhenmeter überwunden – fast die Höhe des Mt. Everest in weniger als 24 Stunden!

Nachdem ich auf der Passhöhe bei wenigen Grad über Null wieder einmal meine Kleidung gewechselt hatte, ging es rasant talwärts. Dabei übermannte mich, fast ohne Vorwarnung, ein fast unwiderstehliches Schlafbedürfnis. Ich fiel immer wieder in einen gefährlichen Sekundenschlaf, den ich daran erkannte, dass ich mich nicht erinnern konnte, wie ich die eine oder andere Kurve gemeistert hatte. Gründe gab es dafür genügend: die wohlige Wärme der frischen Kleider, die Strapaze der durchfahrenen Nacht und die physische Entspannung beim Abfahren.

›Ich sollte anhalten‹, schoss es mir immer wieder durch den Kopf. Andererseits wusste ich, dass sich die akute Müdigkeit verflüchtigen würde, sobald die Sonne aufgehen und ich mich wieder bergauf nach Davos arbeiten würde. Die Angst hielt mich letztendlich wach; aber ich musste viel – auch heute immer wieder – über diese Abfahrt und das »was wäre gewesen, wenn« nachgrübeln.

Es war wohl dieser Moment, der meine Rennstrategie für das RAAM 2008 entscheidend mit beeinflussen würde!

Nochmals durch die »Grüne Hölle« (Rad am Ring 2007)

Das Jahr 2007 schloss ich mit einer weiteren Teilnahme beim Rad am Ring. Auch dieses Mal bemerkte ich nach etwa zehn gefahrenen Runden die ersten Anzeichen eines drohenden ITB-Syndroms. Ich hatte meine Erfahrung vom Vorjahr, als ich wegen extremer Knieschmerzen aussteigen musste, zwar gut analysiert, aber nicht richtig umgesetzt.

Im Gegensatz zum Vorjahr wusste ich dieses Mal sofort, was zu machen war. Ich änderte zum einen die Fahrtaktik nach den Abfahrten, indem ich an den Gegenanstiegen immer sofort einen kleinen Gang einlegte, um mit hoher Frequenz die nächste Kuppe zu nehmen. Zum anderen erniedrigten wir den Sattel um einen halben Zentimeter, um eine 30-Grad-Streckung meines Kniegelenks zu verhindern und den Schleimbeutel unter dem IT-Band weniger zu belasten.

Beide Maßnahmen halfen, und ich konnte das Rennen ohne weitere Probleme beenden. Nach 25 Runden belegte ich den ersten Platz in der mit 80 Fahrern am dichtesten besetzten Master-II-Kategorie. Insgesamt wurde ich Sechster von über 200 Teilnehmern.

Rad am Ring 2007 wurde nach meiner nahrungstechnischen Erfahrung vom RATA 2007 mein erstes 24-Stunden-Rennen, das ich ausschließlich mit flüssiger Ernährung fuhr. Es wurde damit ein gelungener Test für das RAAM 2008, denn gerade die Ernährung war eine meiner größten Sorgen.

Es standen ein paar Wochen Erholung an, in denen ich mir die ersten ernsteren Gedanken für das RAAM 2008 machen konnte. Am 1. Oktober begann die spezielle Vorbereitungsphase.

Die spezielle Vorbereitung

Das Begleitfahrzeug leuchtet mir den Weg aus auf der letzten entspannenden Stunde vor dem Nachtlager.

Andrea Clavadetscher, dreifacher RAAM-Veteran und Sieger des Jahres 2001, schreibt in seiner Biografie »Lust auf Leistung«: »Ich wollte das RAAM ohne Schmerzen fahren, das ist aber Quatsch, das ist gar nicht möglich. Nach dem vierten Tag kommen die so oder so. Die Hand tut weh beim Schalten, die Füße brennen, das Hinterteil ist auch nicht mehr in der besten Verfassung.«

So lesen sich die meisten Erfahrungsberichte, doch diese Erwartungshaltung teil-te ich nicht. Nicht zuletzt die Freude am Radfahren hat mich zur Teilnahme beim RAAM 2008 gebracht. Es wäre schon eine gewisse Ironie, sollte ich gerade dadurch meinen Spaß daran wieder verlieren.

Eine unabdingbare Vorgabe für mein Team und mich wurde daher ein bisher eher untypisches Ziel: Spaß zu haben. Voraussetzung dafür war aber nicht nur eine alternative Rennstrategie, sondern auch eine detailliert auf dieses Konzept abgestimmte Vorbereitung. Ich wollte für alle möglichen Probleme, seien sie physischer oder mentaler Natur, sowohl vorbeugende Maßnahmen entwickeln und umsetzen als auch Therapiekonzepte parat haben, falls die Prophylaxe fehlschlagen würde.

Detailliert sind folgende Aspekte in den nächsten Unterkapiteln näher besprochen:

- Ernährungskonzept
- Training für alternative Strategie
  - Leistungsdiagnostik und Trainingssteuerung
  - Radlabor
  - Körperliche Gesamtfitness
  - Periodisierter Trainingsplan
  - Sauna
  - Trainingslager
  - Vorbereitungsrennen

- Orthopädische Prophylaxe (und therapeutische Optionen) gegen DNF-Gründe
- Stärkung der mentalen Leistungsfähigkeit
- Materialoptimierung
- das Team
- Anti-Doping-Konzept

Jedes Detail war wichtig, nichts sollte unberücksichtigt bleiben, denn alles konnte auf diesem langen Rennen von Bedeutung werden. Trotz einiger Unsicherheiten – mein ganzes Team bestand nur aus »Rookies« – entwickelte sich im Rahmen dieser Überlegungen und in den darauffolgenden Monaten der Vorbereitung das Gefühl, an »alles« gedacht zu haben – und daher gut vorbereitet zu sein. Dies motivierte und half beim Fokussieren auf das Rennen.

Zehn Tage König! Mittagessen bei Mexican Hat in Utah – dass ich gefüttert werde, ist eine RAAM-spezifische Ausnahme!

Ernährungskonzept

....

Aufgrund der oft sehr langen Belastungen im Radsport spielen sowohl die Ernährung als auch der Mineral- und Flüssigkeitshaushalt eine entscheidende Rolle. Wobei Radsport nicht gleich Radsport ist: Das RAAM ist aufgrund der mehrtägigen Belastung etwas völlig anderes als selbst ein Ultradistanzrennen über 24 Stunden!

Bei langen Eintagesrennen und Etappenrennen mit Belastungen von nur wenigen Stunden täglich kann man noch viel über die eigenen Reserven beisteuern und sich daher weitgehend einseitig durch Kohlenhydrate und Elektrolyte während des Rennens ernähren. Beim RAAM ist dies nicht mehr möglich. Eine mangelnde Zufuhr selbst an (möglicherweise noch nicht bekannten!) Spurenelementen würde sich – aufgrund des hohen und langfristigen Bedarfs – zwangsläufig zu einem Defizit mit möglicherweise drastischen Konsequenzen entwickeln. Bei einem fünf- bis sechsfach erhöhten Energieumsatz über einen Zeitraum von bis zu zwölf Tagen, wie er beim RAAM typisch ist, kann es bei einem Fahrer, der auf die Zufuhr von Vitamin C verzichtet, vermutlich sogar zu einem Skorbut kommen, wie er von früheren monatelangen Schiffsreisen bekannt ist.

Eine zunehmend schlechtere Regeneration war das Mindeste, was ich befürchtete, würde ich einen Mangel an einem wichtigen Vitalstoff erleiden. Mir war deshalb bewusst, dass ich mit meiner Ernährung einem komplett ausbalancierten Schema folgen musste: im Wesentlichen einfach mehr von allem, was man an ausgewogener Ernährung gewohnt ist, aber angepasst an die besonderen Bedingungen! Einfach mehr von allem ist praktisch nicht möglich, dennoch musste Folgendes gewährleistet werden:

- Kohlenhydrate, Eiweiß und Fett im richtigen Verhältnis zueinander
- Wasser und Elektrolytversorgung in ausreichendem Maße
- Vitamine, Antioxidantien und Spurenelemente, um das Immunsystem, den Stoffwechsel und die Regeneration zu unterstützen

Ziel musste zunächst die Prophylaxe sein, denn sobald ein Mangel bzw. eine Störung eingetreten ist, lässt sich während des Rennens entweder kaum noch etwas dagegen unternehmen oder negative Konsequenzen sind meist schon eingetreten.

Bei der geplanten täglichen Dauerleistung von 150 Watt über etwa 17 Stunden und einem mittleren Wirkungsgrad von 23 Prozent schätzte ich einen Bedarf von etwa 8000 Kalorien täglich. Ein Wirkungsgrad von 20 Prozent entspricht dem eines untrainierten Menschen, wohingegen Spitzensportler bis zu 25 Prozent erreichen können – die restliche Energie wird in Wärme umgewandelt oder zum Kühlen verbraucht. Dazu kamen noch etwa 2000 Kalorien des täglichen Grundumsatzes, der einfach zur Lebenserhaltung bereitgestellt werden muss. Damit errechnete sich ein Tagesgesamtbedarf von etwa 10000 Kalorien während des RAAM.

Beim Wirkungsgrad ging ich deshalb von einem Mittelwert aus, da ich annehmen konnte, dass sowohl die Hitze in den Wüsten als auch die Höhenluft in den Rocky Mountains meine Energieeffizienz reduzieren würde. Der Energieoutput (über die SRM-Leistungsmessung am Rennrad direkt gemessen) geteilt durch meinen Wirkungsgrad wäre die exakte Bestimmung des Energiebedarfs. Ich dachte mit Dr. Stapelfeldt vom Radlabor Freiburg (www.radlabor.de) darüber nach, im Labor über die Leistung und die Sauerstoffaufnahme meinen Wirkungsgrad genau zu bestimmen. Wir verwarfen jedoch diese Idee, da die zu erwartenden äußeren Rennbedingungen beim RAAM im Labor nicht gut simuliert werden können.

Etwa 20000–25000 Kalorien hatte ich in Form von mobilisierbaren Fettpolstern am Start mit dabei. Damit konnte ich etwa 2000 Kalorien täglich über einen Zeitraum

Auf dem Weg ins Monument Valley, Arizona, dem landschaftlichen Highlight des Rennens schlechthin.

von zehn bis zwölf Tagen aus meinem »Depot« beisteuern. So blieben in etwa 8000–9000 Kalorien, die ich noch täglich zuführen müsste. Die geplanten 16 Stunden Fahrzeit plus die drei täglichen Esspausen sollten dafür genügen. Während der Fahrt plante ich in etwa 600 Kalorien pro Stunde zu mir zu nehmen, was nach gängiger Lehrmeinung das Maximale ist, was der Verdauungsapparat stündlich aufnehmen kann.

Paul und Hermann studieren an einer Kontrollstation die Rangliste, aber so früh im Rennen sollte sie noch keine Bedeutung für uns haben.

Etwa 90 Prozent der benötigten Kalorien plante ich, in flüssiger Form zu mir zu nehmen, um den Magen und den Kreislauf zu schonen. Die Energieverteilung auf die verschiedenen Energieträger sollte ausgewogen sein: Zur Hälfte Kohlenhydrate, etwa ein Drittel hochwertige Fette, wie z. B. Nüsse, und ein Fünftel bis ein Zehntel der Nahrung sollten wertvolle Proteine darstellen. Letztere sind wichtig zur Regeneration, um stark beanspruchtes Muskelgewebe immer wieder neu aufzubauen. Aber auch, um zu verhindern, dass körpereigene Proteine zur Generierung von Glukose verwendet werden. Eine solch katabole Stoffwechsellage aufgrund leerer Kohlenhydratspeicher würde negative Effekte sowohl auf mein Immunsystem haben – die für die Immunfunktion wichtigen Antikörper bestehen fast ausschließlich aus Proteinen – als auch meine Muskulatur beschleunigt abbauen.

In den ersten Tagen war die Nahrungszufuhr nahezu 100 % in flüssiger Form geplant, da bei der zu erwartenden Hitze in der Mojave-Wüste die Flüssigkeitsaufnahme der limitierende Faktor war. Und ich wollte diese Herausforderung ohne Infusionen, ohne medizinische Hilfe meistern. Unser Crewarzt Dr. Michael Birling wurde von ehemaligen Teamärzten gewarnt, dass das RAAM ohne Infusionen nicht zu schaffen sei. In der Tat ist die DNF-Rate auf den ersten 1500 Meilen doppelt so hoch wie auf der letzten Hälfte des Rennens: Viele überhitzen, bekommen Krämpfe oder einen Sonnenstich und müssen letztendlich das Rennen beenden.

Ich ließ mich überreden, sechs Flaschen für den Notfall mitzunehmen. Aber ich hätte es als eine persönliche Niederlage betrachtet, wären sie jemals zum Einsatz gekommen. Die Gabe von Infusionen gilt als Doping, es sei denn, es gibt eine medizinische Indikation – und die kann man sich immer sehr leicht bescheinigen lassen! Damit befindet man sich – meiner Meinung nach – in einem Graubereich: Ist die Gabe von Infusionen von vornherein als Teil der Ernährung und Flüssigkeitszufuhr geplant, so ist das Doping. Aber wie ist es, wenn man sich bewusst so weit überlastet, dass eine medizinische Indikation eintritt, womit die dann notwendige Gabe von Infusionen erlaubt ist?

Wir einigten uns deshalb darauf, dass nur genau so viele Flaschen mitgenommen werden, um einen einzigen Notfall überbrücken zu können. Da Infusionen nicht routinemäßig eingesetzt werden dürfen und damit auch nicht können, sollte ich im Gegenzug sehr engmaschig auf eine eventuelle Dehydrierung überwacht werden: Wenn mein Urin eine zu hohe Dichte erreichen würde (über 1030 g/ml), bzw. wenn ich nicht mehr mindestens alle vier bis fünf Stunden austreten müsste, wollte der Doc eine Infusion in Betracht ziehen.

Meine Basisversorgung für Flüssigkeit und Elektrolyte ist das Performance-Getränk von Powerbar. Bis zu 18 Liter hatte ich schon bei einem 24-Stunden-Rennen zu mir genommen, ohne irgendwelche Magen-Darm-Probleme oder Krämpfe zu bekommen. Ob dies auch über 10–12 Tage machbar sein würde, musste ich herausfinden.

Was ich neben der guten Verträglichkeit besonders schätze, ist das Gefühl der Sicherheit, dass an alle wichtigen Elektrolyte in ausreichendem Maße gedacht wurde. Zudem beinhaltet das Getränk viele wichtige Antioxidantien, welche Gewebsschädigungen vorbeugen und daher die Regenerationsfähigkeit positiv beeinflussen sowie vor einer vorzeitigen Zellalterung schützen. Sogar dem verwendeten gelben Farbstoff, Gelbwurz, bekannt auch als Bestandteil des Curry, wird eine gute antioxidative Wirkung nachgesagt. Auch

Eine natürliche, vitaminreiche Ernährung ist der Schlüssel zu unserer regenerativ ausgerichteten Strategie.

sonst finden sich keine künstlichen Bestandteile in dem Drink, was mich bei den großen Mengen, die ich täglich zu mir nehmen wollte, sehr beunruhigt hätte. Bei der geplanten Zufuhr von etwa 0,7 Liter pro Stunde würde ich gleichzeitig etwa dreißig Prozent der geplanten 600 Kalorien pro Stunde abdecken.

Die restlichen siebzig Prozent wollte ich zu einem Großteil über die stündliche Zufuhr von etwa 0,3 Liter Powerbar Recovery-Getränk in flüssiger Form abdecken. Eigentlich empfohlen als Getränk in den ersten 30 Minuten nach einer sportlichen Betätigung, hatte ich in mehreren 24-Stunden-Rennen herausgefunden, dass die Kombination aus zwei Teilen Performance- und einem Teil Recovery-Getränk – zusammen etwa ein Liter Flüssigkeit pro Stunde –, die ideale Ernährung darstellte und meinen Flüssigkeits- und Elektrolytbedarf weitgehend abdeckte.

Nur bei extremer Hitze brauchte ich noch zusätzliche Flüssigkeit. Da die Kalorienmenge von etwa 600 Kalorien pro Stunde bei dieser Getränkekombination erreicht ist, brauchte ich noch ein weiteres elektrolytreiches, dafür aber kalorienarmes Getränk. Ich entschied mich für frisch angesetzten und gekühlten grünen Tee, dem ein Elektrolytgemisch beigesetzt werden würde. Eine lokale Apotheke füllte uns eine Salzkombination in Beuteln für jeweils einen Liter Tee ab. Diese entsprach in ihrer Zusammensetzung der des Performance-Getränks. Grünen Tee wählte ich wegen seiner antioxidativen Wirkung, die Elektrolyte wurden beigemischt, um den Salzverlust auszugleichen.

Spurenelemente waren ein weiteres heikles Thema: Hier gibt es unzählige Anbieter und noch mehr Empfehlungen. Meist werden mehr oder weniger bekannte Substanzen als Positivliste in Tablettenform angeboten. Was mich jedoch beunruhigte, denn eine solche Liste kann niemals vollständig sein! Alleine beim Vitamin E gibt es über 500 chemische Varianten, wie kann man da sicher sein, dass die eine Variante, die der Hersteller verwendet, die richtige ist? Und wer kann schon garantieren, dass die Aufnahme in meinen Körper bei solchen Konzentraten und unnatürlichen Gemischen wirklich funktioniert – selbst wenn natürliche Quellen zur Herstellung verwendet wurden? Ich wollte sicher sein, dass ich das, was ich zu mir nehme, auch aufnehme!

Zudem bleibt immer

die Frage, ob die biochemische Industrie schon alles entdeckt hat, was für die normale Körperfunktion und letztlich für eine optimale Leistung und Regeneration wichtig ist. Also schlug ich vor, selbstgepresste Säfte zu wählen, denn damit könnte ich alle Naturstoffe in ihrer natürlichsten Form zu mir nehmen. Bei einem täglichen Kalorienbedarf, der dem fünf- bis sechsfachen eines normalen Menschen entspricht, hätte ich jedoch mehrere Liter trinken und zudem mehrere Kilogramm Gemüse essen

müssen. Unmöglich – schon alleine wegen der vielen Ballaststoffe.

Die Lösung war ein Entsafter! Da die meisten Ballaststoffe – im Gegensatz zum gepressten Saft – im Sieb des Entsafters verbleiben, sollte ich größere Mengen trinken können, ohne Verdauungsprobleme zu bekommen. Zudem könnte dann auch rohes Gemüse mit verarbeitet werden. Dreimal täglich 0,5–0,7 Liter frische Säfte, die meine Frau Sabine im Wohnmobil zubereiten müsste, wurden Bestandteil des Ernährungsplans!

Die einzigen Nahrungsergänzungsmittel, die ich täglich zu mir nehmen wollte, waren dreimal je zwei Kapseln Fischöl (Marke UltraPure Omega 3), ein hoch gereinigtes und von Schwermetallen befreites Extrakt, sowie morgens zwei Kapseln Arthrol, ein Kollagenextrakt, welches ich prophylaktisch wegen meiner Kniescheibenarthose einnahm.

Die Omega-3-Fette des Fischöls sind essenziell, genauso wie Omega-6-Fettsäuren. Beide haben positive Effekte auf das Immunsystem und sollten im Verhältnis eins zu zwei mit der Nahrung aufgenommen werden. Bei dem hohen Stoffwechsel fürchtete ich jedoch, dass die Ernährung einseitig mit Omega-6-Fettsäuren überbelastet würde, was entzündungsfördernde Konsequenzen haben könnte. Ich konnte unmöglich Fisch in großen Mengen während des Rennens verspeisen – und das wäre die einzige Quelle an aktivem Omega-3.

In die gleiche Richtung zielten auch die für abends geplanten 100 Gramm Walnüsse, die reich an Vorstufen der Omega-3-Fettsäuren sind und zudem viel Protein und gesunde Fette besitzen. Nüsse reichen jedoch nicht aus, um den Bedarf an Omega-3 zu decken, da die enthaltenen Vorstufen nur begrenzt zu aktivem Omega-3 verstoffwechselt werden.

Zudem plante ich, während des Rennens Obst mit hohem Flüssigkeitsgehalt zu mir zu nehmen: Melonen, Orangen und Kiwis. Hauptsächlich, um während des Tages leicht verdauliche feste Nahrung in den Mund zu bekommen, und nicht zuletzt, um meinen Geschmacksnerven auch eine Alternative anzubieten. Feste Nahrung war im Wesentlichen bei den Aufenthalten im Wohnmobil morgens und auch mittags geplant, abends dann im Hotel. Ansonsten sollte es während der Fahrt den einen oder anderen Powerbar Performance-Riegel, belegte Brötchen oder eine Banane geben.

Jetzt war nur noch eine Frage offen: Würde ich die Theorie in die Praxis umsetzen können?

Horst informiert mich per Lautsprecher über den kommenden Anstieg in den Appalachen.

Training für die alternative Strategie

Trainingsprinzipien

Die Wochen nach der Teilnahme beim Rad am Ring 2007 wurden mit regenerativem Schwimmen, Skaten und Nordic Walking zu einem abwechslungsreichen und mental erholsamen Cross-Training. Dies war der ideale Übergang ins spezielle Training, welches nach Plan am 1. Oktober 2007 begann.

Mein Trainingsplan folgte im Wesentlichen den Prinzipien von Joe Friel (s. Bibliografie). Zudem sollte mein Training auf Leistungsdaten aufgebaut werden, da ich nun mit den Messgeräten der Firma SRM (Schoberer Radmesstechnik) die Möglich-

Die badische Toskana: eine Trainingsfahrt durch den heimatlichen Kaiserstuhl.

keit hatte, meine Leistungsdaten direkt am Rennrad bzw. auf dem Hometrainer zu bestimmen.

Auch meine körperliche Gesamtfitness war ein zentraler Punkt dieses Plans. Um das gesamte Training so effektiv wie möglich zu gestalten, wandte ich einen Trick an: Die Umfänge wurden nicht mehr über die Kilometerleistung bewertet, sondern über die Trainingsstunden!

Im Training sollte zudem alles simuliert werden, was für das RAAM wichtig werden könnte. Die mentale und die körperliche Vorbereitung verliefen stets aufeinander abgestimmt. So waren auch die langen Einheiten auf dem Hometrainer immer beides: sowohl mentale Herausforderung als auch Aufbau der Grundlagenausdauer. Gleiches galt auch für die Trainingseinheiten, in denen ich versuchte, die Hitze in der Mojave-Wüste zu simulieren.

Interessanterweise verbesserte ich meine Leistungsdaten in den acht Monaten nur unmerklich, während die mentale Stärke und damit auch meine Zuversicht mit jeder Trainingseinheit zu wachsen schien. Dies ist für Ultralangstreckenrennen vermutlich das Wichtigste! Aber auch andere physische Parameter, die weniger gut zu messen sind und deshalb oft nicht' genügend Beachtung finden, sind von sehr großer Bedeutung:

- ein auf Fettverbrennung optimierter Stoffwechsel, der es erlaubt, die wertvollen Kohlenhydratspeicher länger zu erhalten
- gute Gesamtfitness
- ein runder Tritt, um einen hohen Wirkungsgrad zu entwickeln
- gute Aufnahmefähigkeit des Magen-Darm-Traktes bei optimierter Ernährung
- ein auf lange Belastungen adaptiertes Immunsystem und Regenerierungsfähigkeit
- ausdauerndes Sitzfleisch

Leistungsdiagnostik und Trainingssteuerung

Im Ultralangstreckenbereich ist es wenig sinnvoll, das Training oder die Wettkämpfe über die Herzfrequenz zu steuern. Bei kurzzeitigen Belastungen ist bekanntermaßen der Anstieg der Herzfrequenz verzögert. Weiterhin erlebt man bei längeren Trainingseinheiten, dass der Puls bei konstanter Belastung ansteigt. Aber auch Hitze, Luftfeuchtigkeit, die Tageszeit und viele andere Parameter nehmen Einfluss. Den meisten Ausdauersportlern ist jedoch nicht bekannt, dass es nach 10–12 Stunden Belastung zu einer Reduktion sowohl der maximalen als auch der relativen Herzfrequenz kommt!

Der Schweizer Martin Jakob kühlt seine Füße bei Montezuma Creek in Utah. 1150 km heiße Wüste sind geschafft.

So konnte ich bei meinem letzten Testrennen, dem Raid Provence Extreme im Mai 2008 feststellen, dass bei gleicher durchschnittlicher Leistung mein Puls in der Schlussphase des Rennens gegenüber den ersten Stunden um über 10 Schläge erniedrigt war. Hätte ich in dieser Phase des Rennens versucht, meine Leistung über meine Pulswerte zu steuern, hätte ich mich überlastet! Der Effekt ist vermutlich die Folge eines Anpassungsprozesses unter Einfluss des vegetativen Nervensystems: Trotz erniedrigter Frequenz erbringt das Herz die volle Pumpleistung, indem es kompensatorisch das Schlagvolumen pro Herzschlag erhöht.

Es gibt für mich nur einen Aspekt, bei dem die Herzfrequenz einer der wichtigsten Parameter für die Trainingssteuerung ist: mein morgendlicher Ruhepuls. Seine relative Höhe ist der ideale Indikator für die Regeneration und ein hervorragendes Frühwarnsystem für eine aufkeimende entzündliche Erkrankung. Mein Ruhepuls lag während der RAAM-Vorbereitung bei etwa 40 Schlägen pro Minute. War er um mehr als 15 Prozent erhöht, wurde automatisch ein Ruhetag oder ein regeneratives Training eingelegt – egal was sonst auf dem Trainingsplan stand!

Häufig hatte ich entsprechende Anstiege infolge der kumulativen Belastung vor dem Ruhetag, der ohnehin anstand, also meist am Montag- und Freitagmorgen. Der Ruhetag reichte dann auch meist aus, meinen Ruhepuls bis zum folgenden Tag wieder auf den Normalwert zu bringen. Nur zweimal während meiner speziellen Vorbereitung war dies nicht möglich, und beide Male war ich im Nachhinein froh, dann noch einen weiteren Erholungstag eingelegt zu haben: Ich war tatsächlich erkrankt, und der Herzfrequenzanstieg war das erste Symptom!

Da also die Herzfrequenz zur Steuerung des Ausdauertrainings selbst nicht verlässlich ist, lag es auf der Hand, dass ich meine Leistung direkt überwachen musste. Schoberer Radmesstechnik (SRM) ist führend in der Entwicklung von Messgeräten, welche die Leistung genau dort messen, wo sie beim Radfahren in Vortrieb umgesetzt wird: im Tretlager. Daten vom Hometrainer, von Laktat-Stufentests, aus dem Training und von Wettkämpfen können mit den SRM-Systemen auf einer einheitlichen und sinnvollen Messgrundlage verglichen werden!

Ende Oktober, nach den ersten vier Wochen Ausdauertraining im Grundlagenbereich auf dem SRM-Hometrainer, führten wir in der Abteilung Rehabilitative und Präventive Sportmedizin der Universität Freiburg einen Laktat-Stufentest durch. Ziel dieser Untersuchung war es, die Leistungswerte für meine Trainingsbereiche der nächsten Monate zu bestimmen.

Bei einer Individuellen Anaeroben Schwelle (IAS) von 295 Watt lag ich zu diesem Zeitpunkt in der 97-%-Perzentile aller Radsportler meiner Altersgruppe (Senioren 2). Das bedeutete, dass – wenn ich das RAAM 2008 schaffen sollte – theoretisch 3 % aller 40- bis 50-Jährigen, die Radsport betreiben, rein von ihren Leistungsdaten aus betrachtet, dies ebenfalls schaffen könnten! Allerdings geht es beim RAAM nicht nur um Leistungsdaten.

Viel wichtiger aber war, dass mein ReKom-Bereich, also eine Belastung, bei der noch *Re*generation und *Kom*pensation stattfinden, in einem Leistungsbereich bis zu 151 Watt lag. Mit diesem Wert lag ich bereits in dem für das RAAM geplanten Dauerleistungsbereich von etwa 150 Watt. Interessant war auch, dass meine Laktat-Konzentration, die in Ruhe mit 1,14 mmol/L ermittelt wurde, bei zunehmender Belastung (ab etwa 100 Watt) abfiel. Erst bei Werten von etwa 250 Watt erreichte sie wieder die Konzentration bei Ruhe. Erst ab diesem relativ hohen Leistungswert wurde folglich mehr Laktat verstoffwechselt als durch die Belastung anfiel! Bei etwa 200 Watt sollte ich daher, was meinen muskulären Energiestoffwechsel betraf, fast ermüdungsfrei fahren können!

Der Bereich für leichteres Grundlagentraining (GA1) wurde mit 151–222 Watt, der mittlere GA2-Bereich bis zu 296 Watt und das Schwellentraining (welches ich in den ersten Monaten weitgehend vermied) bis 313 Watt bestimmt.

Radlabor

Wenn die körperlichen Mittel begrenzt sind, kann man sich nur noch steigern, indem man den Wirkungsgrad verbessert! Der Körper setzt die aus der Nahrung gewonnene chemische Energie über die Muskulatur in Bewegungsenergie um. Etwa 75–80 % der gesamten Energie gehen dabei durch Wärmeentwicklung »verloren«. Der Wirkungsgrad liegt daher nur zwischen 20 und 25 %, abhängig von der Effizienz des Sportlers. Insbesondere zum Teil unnötige Bewegungen wie verstärktes Wippen des Oberkörpers und ein unrunder Tretzyklus beeinflussen den Wirkungsgrad und unterscheiden den Anfänger vom Profi.

Das Radlabor in Freiburg (www.radlabor.de), ein Team von Spezialisten für Radmechanik und Stoffwechsel unter der Leitung des Sportwissenschaftlers Dr. Björn Stapelfeldt, bot mir an, eine breite radsportliche Analyse durchzuführen. Meine Sitzposition wurde sowohl mit klassischer Vermessung als auch mittels Videoaufzeichnung ausgetestet und mit Leistungs- und Pedalkraftwerten korreliert, mein Stoffwechsel wurde unter Belastung durch spirometrische Verfahren analysiert. Mittels Elektromyografien wurden die für den Radsport wichtigsten Muskelgruppen bis hin zur Rückenmuskulatur während der Arbeit beobachtet.

Die Analysen ergaben, dass mein Tritt insgesamt sehr »rund« verlief, das heißt, ich bewegte mich innerhalb der Normen eines einigermaßen effektiven Tretzyklus.

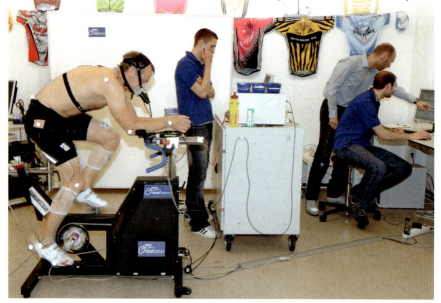

Beim ausführlichen letzten Check im Freiburger Radlabor.

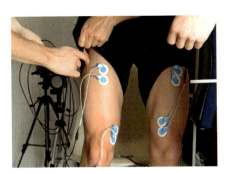

Mit modernsten Methoden auf der Suche nach dem perfekten runden Tritt.

Die vielen Einheiten mit einbeinigem Pedalieren auf dem Hometrainer hatten sich vielleicht bewährt. Hier gab es nicht viel zu verbessern. Die einzige Empfehlung des Teams, die wir detaillierter besprachen, war eine Veränderung meiner Sitzposition: Die Messergebnisse zeigten, dass ich etwas mehr Kraft entwickelte, wenn ich etwa zwei Zentimeter höher saß. Das fühlte sich nur überhaupt nicht gut an. Ich hatte den Eindruck, dass mein Becken mehr wippte, was mich befürchten ließ, dass dies beim RAAM zu Sitzproblemen führen könnte. Zudem äußerte ich Bedenken, dass sich die Arthrose an meiner Kniescheibe entzünden könnte. Normalerweise soll eine Erhöhung sogar Abhilfe schaffen, aber meine Arthrose wird gerade bei vermehrter Streckung belastet. Auch neige ich dazu, ein ITB-Syndrom (Seite 56) zu entwickeln. Auch dies würde durch eine vermehrte Kniestreckung verstärkt.

Letztendlich entschieden wir uns dann zur Beibehaltung der bisherigen Sitzposition. Vermutlich hätte eine Erhöhung der Sitzposition ohnehin eine Verschlechterung der Aerodynamik bewirkt und die positiven Effekte auf die Kraftentwicklung vielleicht wieder aufgehoben. Es blieb also alles beim Alten, und das war, nur wenige Monate vor dem Rennen, doch sehr beruhigend!

Gesamtfitness

Ein wichtiger Schritt zu einer guten allgemeinen körperlichen Fitness war die Umstellung der Bestimmung meines Trainingsumfangs von Kilometern auf Stunden. Es hat zwei große Nachteile, nur die Kilometer auf dem Rennrad bzw. die über den Energieumsatz geschätzten »Strecken« auf dem Hometrainer als Maßstab zu nehmen: Zum einen verführt es dazu, andere Trainingsinhalte wie Krafttraining, Cross-Training oder Stretching zu vernachlässigen, zum anderen neige ich auch dazu, das Radtraining zu hart zu gestalten: Mehr Intensität bedeutet immer auch mehr messbare Kilometer!

Nach der Umstellung waren Trainingseinheiten, die nicht auf dem Rad stattfanden, ebenfalls wichtig, und selbst auf dem Rad oder Hometrainer sitzend ging eine erholsame Einheit genauso aufs »Konto« wie früher eine intensive Einheit mit relativ vielen Kilometern. Auch der Trainingsplan selbst war nun leichter auszuarbeiten, da alle Trainingsinhalte mit dem gleichen Maß veranschlagt werden konnten.

Für das Gesamtkörpertraining passte ich Programme von Verstegen (»Core Performance«) und Müller-Wohlfahrt (»Besser trainieren!«) an meine Bedürfnisse an und

Der Schweizer Martin Jakob beim Verlassen einer Kontrollstation.

- 2-mal 2 Wochen von je 3 Grundlagenausdauerblöcken mit steigenden Umfängen
- 3 Wochen leichtes Aufbautraining
- 2 Wochen härteres Aufbautraining
- 2 Wochen »Feinschliff« mit langen Intervallen, aber reduziertem Umfang
- 3 Wochen vollständige Erholung und dabei Halten der Form
- Start: 8. Juni 2008

entwickelte dabei selbst einige neue Konzepte. Wichtig für mich war, dass ich sämtliche Übungen ohne Einsatz von Gewichten durchführen konnte. Ich arbeitete nur mit Bändern, einem großen Gymnastikball und einer Matte. Zwei- bis dreimal pro Woche führte ich isometrisches Krafttraining für die Rumpfmuskulatur mit zunehmend längeren Haltezeiten in verschiedenen Positionen durch, wie zum Beispiel Ellenbogenstütz mit entweder den Füßen oder den Ellenbogen auf einem Gymnastikball. Genauso führte ich auch Liegestützen durch, um durch die instabile Position den Halteapparat zu fordern: Ich wollte ja nicht schwere Muskulatur, sondern ausdauernde Körperstabilität in Rumpf und Schultergürtel aufbauen.

Periodisierter Trainingsplan

Der Trainingsplan umfasste acht Monate und wurde in einzelne Blöcke unterteilt:

- 4 Wochen Vorbereitung ab Oktober 2007

Zwischen den einzelnen Blöcken legte ich jeweils eine Erholungswoche ein, in der das Pensum auf 17 Stunden reduziert und auf intensive Einheiten verzichtet wurde. In den insgesamt 36 Wochen der speziellen Vorbereitung plante ich 932 Trainingsstunden.

Am Ende wurden es 904 Stunden. Jede Woche hatte im Mittel etwa 25 Trainingsstunden, wobei die wöchentlichen Umfänge anfangs geringer waren, aber während der gesamten Vorbereitung anstiegen. Auch die Umfänge in aufeinanderfolgenden Blöcken erhöhte ich stufenförmig, bevor eine Erholungswoche mit 17 Stunden folgte. Das ergab einen dreiwöchigen ansteigenden Stundenrhythmus im Schema 20/24/17, über 22/26/17 und so weiter, bis zu jeweils 38/42/17 Wochenstunden pro Dreiwochenblock.

Jede Woche war nach dem gleichen Muster aufgebaut, wobei ich unter Einhaltung der Trainingsprinzipien das Schema den beruflichen und privaten Erfordernissen anpasste. Eine Woche sah folgendermaßen aus:

- Montag: ReKom von etwa einer Stunde gefolgt von ausgiebigem Stretching, oft ein bis zwei Saunagänge
- Dienstag bis Donnertag: ansteigende Umfänge (z. B. 3/4/5 Stunden), entweder spät abends oder in zwei Teilen vor und nach der Arbeit
- Freitag: ReKom wie Montags
- Samstag: langes Ein- und Ausfahren, dazwischen Kraftausdauer auf der Rolle oder in den Bergen
- Sonntag: zunehmend längere Ausfahrten, bis maximal 10–12 Stunden

Die erholsamen Montage und Freitage waren mir genauso heilig wie die Erholungswochen. Meine Sorge, in einen Zustand von Übertraining zu gelangen, war größer als die Sorge, die Leistungsfähigkeit nicht völlig bis ans obere Limit auszureizen, indem ich vielleicht nicht genug oder nicht genügend intensiv trainierte. Ein Übertraining, nur wenige Monate vor dem Start, hätte alles zunichte gemacht! Insgesamt fuhr ich in den acht Monaten 22 500 km. Mit 152 Stunden verbrachte ich grob ein Sechstel des gesamten Trainings nicht auf dem Rennrad bzw. dem SRM-Hometrainer, sondern investierte in meine Gesamtfitness, wie z. B. in Bauch- und Rückenübungen und in ausgiebiges Stretching, aber auch in andere Sportarten wie Schwimmen und Nordic Walking.

Die langen Einheiten auf dem Hometrainer waren dabei die größte Herausforderung. Ich wurde immer wieder gefragt, wie ich das mental verkraften würde. Aber es war eigentlich gar nicht so schwie-

Über 15 000 Jahreskilometer im Wohnzimmer: Nur so sind Familie, Beruf und ein hohes radsportliches Ziel in Einklang zu bringen.

rig. Zum einen, weil ich im Wohnzimmer, mitten im familiären Leben, fahren durfte, zum anderen betrachtete ich es als wertvolle Zeit, mich mental auf das RAAM einzustellen.

Sauna

Einen ähnlich stimulierenden Effekt hatten meine Trainingseinheiten, bei denen ich die Mojave-Wüste im bayrischen Winter simulierte! Dabei half mir die Erinnerung an eine Fernsehdokumentation über einen holländischen Architekten, der vor über 30 Jahren dabei porträtiert wurde, wie er sich minutiös auf die »Elfstedentocht« vorbereitete, ein 200-Kilometer-Schlittschuhrennen auf den Kanälen und Grachten zwischen 11 friesischen Städten.

Er baute sich dafür einen Gefrierraum in sein Haus, um sich auf seinem Fahrradergometer auch schon im Sommer auf die eisigen Temperaturen einzustellen.

Ich stellte mir vor, dass dies umgekehrt, sprich für hohe Temperaturen, genauso funktionieren könnte und bekam im Fitnessstudio die Möglichkeit, mein Trainingsrad auf der Rolle in die Biosauna zu stellen. Sie schien mir mit 68 °C und 20–25 % Luftfeuchtigkeit der ideale Platz, um mich ans Fahren in der Wüste zu adaptieren. Zweimal die Woche, immer morgens zwischen 6:30 Uhr und 8:00 Uhr, nutzte ich die Sauna für eine Fahrt in die Mojave.

Ich begann mit der niedrigsten Intensitätsstufe und gewöhnte mir schnell einen Rhythmus an, alle zwei Minuten einen

Spezialtraining: Simulation der heißen Wüsten im Süden der USA – trotz bayrischem Frost vor der Haustür.

Schluck Powerbar Performance Drink zu mir zu nehmen. Bei diesem Training war der Puls mein wichtigster Indikator. Obwohl ich bei gleich bleibend niedriger Belastung kurbelte, ging meine Herzfrequenz stetig nach oben. Beim ersten Mal war ich froh, als ich nach der einen Stunde, die ich mir vorgenommen hatte, das Training beenden konnte: Es war trotz geringster Belastung ein Puls erreicht, der meiner IAS entsprach. Hier konnte ich deutlich erfahren, welchen Einfluss die äußere Temperatur auf den Wirkungsgrad hat – mein Körper musste mehr arbeiten, um mich zu kühlen, als um die Kurbel zu drehen.

Schon nach drei Sauna-Einheiten begann ein Trainingseffekt einzusetzen. Der Puls stieg bei gleicher Belastung langsamer an und erreichte auch nach einer Stunde nicht mehr den Wert der IAS. Er blieb in etwa 10 Schläge darunter. Auch fühlte ich mich danach weitaus weniger belastet. Allerdings konnte ich mich durch weiteres Training unter gleichen Bedingungen dann nicht mehr entscheidend verbessern. Ich hatte vermutlich schon nach den wenigen Einheiten das Optimum an Hitze-Akklimatisierung erreicht, was bedeuten würde, dass nur wenige Wochen in der unmittelbaren Phase vor dem RAAM für eine Hitzeadaptation ausgereicht hätten.

Noch einen weiteren interessanten Effekt hatte das Saunatraining: Ich wurde sehr schnell bekannt. Nicht nur im Fitnessstudio entwickelte sich ein lebhaftes Interesse an dem, was ich da so machte, und daran, was ich mir mit der Teilnahme beim RAAM vorgenommen hatte.

Auch die Presse bekam Wind davon und ein Bild erschien sowohl in der lokalen Presse als auch überregional in der ›Süddeutschen Zeitung‹ und im ›Spiegel‹. Das war nicht unbedeutend bei meiner Suche nach Materialsponsoren.

Trainingslager

Im Februar 2007 zogen meine Frau Sabine, unsere beiden Töchter Sarah und Nadja und ich zurück in unsere ursprüngliche Heimat in den Freiburger Raum. Leider musste unser Sohn Sebastian in München bleiben, um seine Ausbildung abzuschließen. Trainingstechnisch hatte der Umzug aus dem doch meist recht kühlen Bayern einen großen Vorteil: Nicht umsonst gilt die Gegend um den Kaiserstuhl als die Toskana Deutschlands. Aber auch wegen der abwechslungsreichen Landschaft ist dieses Trainingsgebiet selbst bei den Profimannschaften sehr beliebt. Man hat hier die völlig flache Rheinebene und in nächster Nähe lange und zum Teil recht anspruchsvolle Pässe.

Die selbst für Freiburg recht ungewöhnlich hohen Temperaturen im März erlaubten mir auch gleich die ersten längeren Einheiten im Freien. Psychisch umso belastender war deshalb auch die kurzfristige Rückkehr des Winters im April. Der März hatte ausgereicht, um mir die langen Einheiten auf dem Hometrainer im Haus abzugewöhnen. Ich fühlte mich daher spontan dazu veranlasst, für neun Tage mein Training nach Mallorca zu verlegen. Das Wetter dort war sehr gut, und ich konnte sowohl viel in den Ber-

Abendliches Resümee mit Horst und Markus in einem der Nachtlager.

gen trainieren als auch in den flacheren Gebieten lange Einheiten im ReKom Bereich testen.

Der Aufenthalt auf Mallorca erwies mir aber noch einen weiteren wertvollen Dienst. Ich hatte das Glück, einen ausgewiesenen Psychoanalytiker als Trainingspartner zu haben, mit dem ich viel über meine mentale Einstellung zum Training, aber vor allem zum RAAM selbst diskutierte. Gemeinsam identifizierten wir meine vermutlich größte Schwäche, die als Grund für ein Scheitern infrage kommen konnte. Hier entwickelte sich ein wichtiger Ansatz, der für meine mentale Vorbereitung und auch später im Rennen sehr wichtig wurde (Kapitel »Stärkung der mentalen Leistungsfähigkeit«). Insgesamt fuhr ich dann in den neun Trainingstagen 1544 km, also knapp ein Drittel von dem, was ich beim RAAM leisten musste.

Vorbereitungsrennen

Zum Abschluss der speziellen Vorbereitung, wenige Wochen vor dem RAAM, plante ich einen letzten Test mit Renncha-

rakter. Da ich aber das Training dafür nicht unterbrechen wollte, sollte das Testrennen als lange Ausfahrt in den Trainingsplan eingebaut werden. Es ging dabei nicht um die Platzierung, sondern es galt herauszufinden, bei welcher Dauerbelastung über eine Ultralangstrecke ich mich noch wohl fühlte, ob der Ernährungsplan funktionierte, wie die einzelnen Teammitglieder unter Rennbedingungen interagierten und wie schnell ich nach einer extremeren Belastung regenerierte.

Das einzige Rennen, das mir aufgrund der Lokalisation, der Strecke und des Klimas im Mai zusagte, war das Raid Provence Extreme (RPE) 2008. Es fand am 10./11. Mai statt, und ich plante davor und danach jeweils eine Woche als ein letztes Trainingslager. Das RPE 2008 führte über etwa 570 Kilometer und bot mit dem Mt. Ventoux und der Gorge de Verdun, Europas größter Schlucht, die komplett zu umfahren war, etwas über 9000 Höhenmeter.

Nach dem Start in St. Remy de Provence fuhr das gesamte Fahrerfeld geschlossen hinter dem Pace-Car der Rennleitung nach Bedoin, wo nach etwa 56 km der eigentliche Startschuss fiel. Von dort ging es gleich auf den Mt. Ventoux. Ich hielt mich strikt an meine Vorgabe und den SRM-Wattmesser daher immer bei 300 Watt. Zu meiner Verwunderung war ich schon nach wenigen Minuten fast völlig alleine. Alle hatte das Rennfieber gepackt. Es wurde ein Tempo vorgelegt, als wenn das Rennen oben am Pass schon zu Ende wäre. Während ich meine Leistung konstant hielt, musste ein großer Teil des Feldes dem zu hohen Anfangstempo Tribut zollen: So fuhr ich bis zum Pass von Platz 25 auf Platz 5 vor, was sehr lehrreich für mich war – auch beim RAAM würde ich meinem Wattmesser gehorchen!

Insgesamt lag meine reine Fahrzeit für die 515 km unter 20 Stunden, was einem Schnitt von 26 km/h entsprach. Mit 176 Watt und 122 Schlägen pro Minute lagen die Durchschnittswerte deutlich über dem, was ich beim RAAM fahren wollte. Das Stundenmittel lag jedoch mit knapp 26 km/h nur in dem für das RAAM angestrebten Bereich! Das wäre beunruhigend gewesen, wenn nicht das sehr unterschiedliche Höhenprofil die Sache erklärt hätte: Mit 17,5 hm/km war das RPE 2008 fast dreimal so steil wie das RAAM 2008 mit etwa 6 hm/km.

Eine wichtige Lernerfahrung war das Umgehen mit dem GPS-Gerät von Magellan, welches von der Precise Positioning Management (PPM) GmbH auch für das RAAM zur Verfügung gestellt wurde. PPM musste das RPE 2008 allerdings als Wanderung in das Navigationsgerät eingeben, womit es keine sprachlichen Hinweise – wie bei der klassischen Straßenführung mit GPS-Navigation – für kommende Richtungsänderungen gab. Wir sahen nur eine grüne Linie, die mit der Strecke und der Fahrtrichtung in Einklang zu bringen war. Damit brachten uns die unzähligen Kreisverkehre in Schwierigkeiten.

Wir verfuhren uns aber nur einmal, was mir einige Kilometer, aber vor allem 500 zusätzliche Höhenmeter bescherte. Die warfen mich etwa 30 Minuten gegenüber der Konkurrenz zurück. Aber es war nur ein Test, und ich sah einen Vorteil, dass dies in der Vorbereitung passierte. Denn damit waren alle gewarnt: Beim RAAM wäre dies möglicherweise das Ende!

Da ich das RPE in ein zweiwöchiges Trainingslager eingebaut hatte, fuhr ich nicht nur die fünf Tage vor, sondern auch die ersten sechs Tage nach dem Rennen jeweils etwa 700 km. Damit kam ich während des Aufenthaltes in der Provence auf insgesamt 2000 Trainingskilometer. Danach begann die erholsame letzte Phase der speziellen Vorbereitung. Woche für Woche wurde der Trainingsumfang nun immer wieder halbiert, bis ich in der letzten Woche gerade einmal noch sechs Stunden trainierte. Erholung war angesagt, wobei ich versuchte, meine Form mit wenigen kurzen Intervallen zu halten. Trainingsreize zu setzen hatte zu diesem Zeitpunkt, nur wenige Tage vor dem Rennen, keinen Sinn mehr.

Über 14 Liter Powerbar täglich: effiziente Ernährung in flüssiger Form.

Um locker zu bleiben und zur kontrollierten Entlastung sind regelmäßige Positionswechsel wichtig.

Orthopädische Prophylaxe

Vor allem orthopädische Schwierigkeiten liefern Gründe für eine Aufgabe beim RAAM (Seite 13). Die auf den ersten Blick rein physischen Probleme haben ihre Ursache primär jedoch im mentalen Bereich: mangelhafte Trainingsplanung und -vorbereitung sowie zu späte oder falsche Reaktion auf Warnzeichen des Körpers. Physische Problemzonen umfassen zunächst sämtliche Kontaktflächen mit dem Rad, also Hände, Gesäß und Füße. Aber auch die Rücken- und Nackenmuskulatur und die Gelenke werden in besonderem Maße beansprucht.

Ich habe im Folgenden nur die Themen aufgenommen, die ich aus der DNF-Analyse oder aus persönlicher Erfahrung für meine Vorbereitung als besonders wichtig empfand. Ich empfehle für eine Vertiefung Andy Pruritts »Complete Medical Guide for Cyclists« und Arnie Bakers »Bicycling Medicine« (s. Bibliografie).

Shermer's Neck: Die Bezeichnung geht auf Michael Shermer zurück, einen der Gründer und Pioniere des Race Across America. Er ist der Erste, der dieses Problem aus eigener Erfahrung beschrieb. Beim Shermer's Neck kann der Radsportler seinen Kopf aufgrund chronischer Überlastung der Nackenmuskulatur nicht mehr aus eigener Kraft anheben. Ursache ist eine Ermüdung infolge langen Fahrens in extremer aerodynamischer Sitzposition. Da eine normale Kopfhaltung aus eigener Kraft meist erst nach Wochen wieder möglich ist, kann mit einer Besserung während des weiteren Rennverlaufs nicht gerechnet werden. Ohne den Kopf heben zu können ist ein Sehen nach vorne während des Fahrens unmöglich. Daher wird beim Auftreten entsprechender Symptome die Kopfhaltung mit zum Teil abenteuerlichen Hilfskonstruktionen unterstützt, um ein Weiterfahren überhaupt zu ermöglichen.

Die einzig sinnvolle Maßnahme liegt daher in der Prophylaxe! Folgende Maßnahmen habe ich vor und während des RAAM durchgeführt:

• Stärkung des gesamten muskulären Halteapparats.
• Zunehmend längere Trainingseinheiten

in Aeroposition, wobei der Sattel gegenüber dem Lenkeraufsatz etwa drei Zentimeter überhöht war, um dadurch meine Nacken- und Rückenmuskulatur einer erhöhten Belastung auszusetzen.

- Erhöhung des Lenkers gegenüber dem Sattel um über zehn Zentimeter wenige Tage vor dem RAAM mithilfe des Look Ergostem-Vorbaus, um meinen Nacken erheblich zu entlasten. Den Verlust an Aerodynamik zugunsten einer ergonomisch komfortablen Sitzposition nahm ich bewusst in Kauf: Meines Erachtens dienen die Aerobars beim RAAM weniger der Verbesserung der Aerodynamik als der Möglichkeit, die Hände und Arme zu entlasten.
- Eine für alle belasteten Körperteile sehr wichtige vorbeugende Maßnahme ist auch der regelmäßige Wechsel zwischen Fahren im Sitzen und im Wiegetritt.
- Massagen in den längeren regenerativen Pausen.

Obwohl wir hofften, dass diese trainings- und renntaktischen Maßnahmen das Risiko eines Shermer's Neck erheblich reduzieren würden, wollten wir dennoch gewappnet sein. Um ein Weiterfahren zu gewährleisten, werden meist Haltekonstruktionen angelegt, mit oft peinigenden Konsequenzen für den Träger! Meist wird der Kopf über den Unterkiefer hochgehalten, was zunächst die Nahrungsaufnahme erheblich stört. Zudem kann sich das Kiefergelenk entzünden, was wiederum das Tragen einer Zahnschiene erforderlich macht. Fast unausweichlich folgen schmerzhafte Verspannungen in sämtlichen Muskelpartien. Problematisch sind auch Aufbauten auf dem Lenker, auf die betroffene Athleten ihren Kopf auflegen. Hier wurden schon Cola-Dosen und Trinkflaschen verwendet! Jede Bodenunebenheit – und amerikanische Straßen bestehen nur aus solchen – führt zu Schlägen gegen den Unterkiefer!

Wir bereiteten drei verschiedene Maßnahmen für den Fall der Fälle vor:

- Eine Halskrause wurde speziell für die erforderliche Sitzhaltung modelliert. Optimiertes Material und Lüftungsschlitze sollten das Tragen im Notfall erleichtern – ich hoffte allerdings, nie in diese Situation zu kommen!
- Ausführliche Recherchen meiner Physiotherapeutin und ein spezieller Kurs in Taping-Methoden eröffneten eine alternative Maßnahme: Ein getapeter Verband sollte die Nackenmuskulatur fast vollständig in »physiologischer« Weise entlasten. Erfahrungswerte hatten wir jedoch keine!
- Schließlich hatten wir eine Prismenbrille dabei, wie sie von Albi Schneider für Bergsteiger entwickelt wurde (www.powernplay.de). Sie dient zur Nackenschonung beim Abseilen, da beim Sichern der Kopf nicht mehr nach hinten überstreckt werden muss, um den Kameraden am Seil zu beobachten: Bei dieser Prismenbrille wird der Blick um etwa 90 Grad nach oben umgelenkt. Bei gesenktem Kopf – wie

im Falle eines Shermer's Neck – wäre daher das Sehen nach vorne weiterhin gewährleistet.

Da die Prismenbrille recht schmal ist, bleibt der Lenker unter den Prismen hindurch sichtbar. Fahren mit einer Prismenbrille erfordert sehr viel Training, da das Gesehene wie durch ein Fernsehbild wahrgenommen wird – also ohne direktes Raumgefühl. Ob diese Dissoziation der Wahrnehmung auf Dauer vom Gehirn kompensiert wird, konnte ich leider vor dem RAAM nicht mehr testen. Für den Notfall hatten wir die Brille dabei, und das RAAM mit seinen unendlich langen Geraden würde im Ernstfall die Antwort geben müssen.

Kontaktfläche Füße: RAAM-Veteranen berichteten immer wieder von enormen Schmerzen im Vorderfuß und Schwellungen der Füße, mit Zunahme der Schuhgröße um bis zu zwei Größen. Dies wird als normal betrachtet!

Mögliche Ursachen gibt es, wie so häufig bei orthopädischen Problemen, viele:

- zu wenige regenerative Pausen, in denen die Füße einfach hochgelegt werden
- zu hoher Kraftaufwand, da häufig mit zu niedrigen Tretfrequenzen gefahren wird
- Pedalplatten zu weit vorne und damit eine zu große Belastung fürs Fußgewölbe
- mangelhafte prophylaktische Einlagen

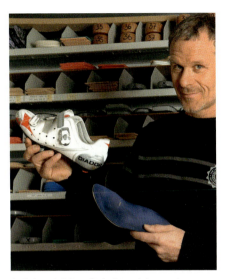

Auf das richtige Schuhwerk kommt es an: Tobias Buderer präsentiert die perfekten Einlagen.

Nahezu die gesamte Kraft beim Pedalieren wird durch die Muskulatur des Gesäßes und der Oberschenkel erbracht, der Fuß muss diese dann »nur« auf das Pedal übertragen. Durch die Position der Pedalplatten an den Schuhen entsteht jedoch ein Hebel zwischen Ferse (auf die die primäre Vortriebskraft wirkt) und Pedalplatte (auf die diese Vortriebskraft übertragen werden muss). Je länger dieser Hebel, das heißt je weiter die Pedalplatte von der Ferse entfernt angebracht ist, umso mehr Hebelkraft, sprich Haltearbeit, müssen die Wadenmuskulatur und damit das Fußgewölbe und die assoziierten Bänder und Sehnen erbringen.

Diese Haltearbeit trägt jedoch nicht zur Erhöhung der Vortriebskraft bei. Natürlicher läge die Fußmitte auf dem Pedal. Der

Fuß wäre wesentlich weiter hinten, als es durch die vorgegebene Pedalplatten-Position erzwungen wird. Ich habe an allen meinen Diadora-Schuhen die am weitesten hinten gelegene Position zum Anbringen der Platten genutzt.

Falls dies nicht ausreichen würde, hatten wir bei einem um zwei Nummern größeren Scott-Schuh die KEO-Pedalplatten etwa zwei Zentimeter hinter der vorgebohrten Position angebracht. Ich wollte auf keinen Fall mit ans Pedal gebundenen Sandalen oder aufgeschnittenen Turnschuhen fahren müssen, wie es in solchen Fällen beim RAAM immer wieder zu sehen ist. Ich hatte sogar erwogen, das Rennen von Anfang an mit diesen speziell präparierten Schuhen zu fahren. Aber kurz vor dem Start komplett die gewohnte Position zu ändern beinhaltet ein gewisses Risiko, also ließ ich alles beim Alten.

Eine weitere prophylaktische Maßnahme bestand im Fahren bei hoher Umdrehungszahl. Dies reduziert nicht nur die Belastung der Gelenke und der Muskulatur, sondern verringert auch den Druck auf die Füße. Gerade bei den Anstiegen ist dies sinnvoll, da hier die größten Kräfte erbracht werden. Wir wählten für mein Scott Addict-»Bergrad« eine Kompaktkurbel (50/34) und ein Ritzelpaket 12–27, womit ich selbst bei steilen Anstiegen noch mit hohen Trittfrequenzen müsste fahren können.

Spezielle Einlagen wurden vom Schuhhaus Buderer in Denzlingen bei Freiburg angefertigt. Tobias Buderer hat langjährige Erfahrung im Radsport und er adaptiert die individuell angepassten Einlagen gezielt auf die spezifischen Anforderungen des Athleten. Für meine RAAM-Teilnahme war es das Ziel, die Druckbelastung möglichst gleichförmig auf den ganzen Fuß zu übertragen. Gute, steife Karbonsohlen sind ein wichtiger erster Schritt. Aber erst individuell an die Fußgewölbe angepasste Einlagen entlasten die Sehnen, Bänder und die muskuläre Haltefunktion. Wir testeten mehrere Materialien und wählten Naturkork, um neben einer guten Kraftübertragung auch einen optimalen Tragekomfort zu erzielen.

Bei allen Pausen nach längeren Fahrten in der Wüste würden wir vorbeugend für einige Minuten Eisbäder als regenerative Maßnahme durchführen. Der wichtigste Faktor würde aber, so meine Hoffnung, in den längeren Regenerationszeiten liegen, die meine Strategie mir erlauben würde – vorausgesetzt, meine Strategie funktionierte! Denn um die Füße zu entlasten, ist das Hochlegen der Beine die beste Methode. Für den Fall der Fälle planten wir Lymphdrainagen und Wickel, um dem Anschwellen der Füße entgegenzuwirken.

Halbzeit in Pratt, Kansas: Ein Teil des Teams nützt die Pause für ein Nickerchen.

Der zu hohe Preis für eine allzu sportliche Sitzposition: David Rudge muss seine entkräftete Nackenmuskulatur mit einem speziell konstruierten Gestell unterstützen.

Kontaktfläche Gesäß: Wie kann man auf einem Rennradsattel so lange sitzen? Dies wurde eine häufig gestellte Frage, zumal viele RAAM-Veteranen wie Herbert Meneweger, Hubert Schwarz oder Franz Spilauer von schwerst malträtierten Sitzpartien berichten. So ist es ein häufig gemachter Fehler, sich gegen die große Hitze am Anfang des Rennens Wasser über den Kopf zu schütten. Jeder Radfahrer weiß, dass man beim Fahren mit einer feuchten Hose zusehen kann, wie die Haut aufgescheuert wird, und dass eine schmerzhafte Rötung das Geringste ist, was folgt – was dann meist zum Beenden des Fahrspaßes führt.

Um ein Problem der Sitzpartie zu verhindern, sind mehrere Aspekte zu berücksichtigen. Druck und Reibung sind die beiden Ursachen, die beim Langstrecken-Fahren beachtet werden müssen. Gegen Druckbeschwerden hilft sicherlich häufiges und langes Fahren, gegen Reibung nicht. Daher müssen auch die richtigen Materialien, vom Sattel über die Hose bis zur richtigen Sitzcreme, sorgfältig ausgewählt werden.

Um Reibung und Druckstellen zu reduzieren, ist zunächst eine gute Sitzposition wichtig, um unnötiges Wippen des Beckens zu verhindern. Um die mechanische Reibung weiter zu reduzieren, wurde mit vier verschiedenen Einlagen, acht Sätteln und sechs – zum Teil selbst hergestellten – Sitzcremes experimentiert. So ergaben sich 192 Kombinationsmöglichkeiten, die ich unmöglich alle auf langen Trainingsausfahrten testen konnte. Aber die meisten Optionen fielen schon bei kurzen Tests durch, und bald stand die folgende Kombination fest:

• Gore Bike Wear Xenon-Sitzeinlage
• Assos Chamois-Creme
• Selle SLR-Sattel

Mehrere Sättel von SQ Lab sollten mir außerdem zum Wechseln zur Verfügung stehen.

Optimale Hygiene ist eine der wichtigsten Voraussetzungen, um eine Entzündung der Haut zu verhindern. Mein Plan sah vor, zweimal täglich zu duschen: nach jeder der beiden täglichen »Schichten«. Zudem sollten vorbeugend sämtliche Reibungsstellen mit Cicalfate, einer antibakteriellen Wundpflegecreme von Avene, über Nacht eingecremt werden. Dies ist aber auch nur in Kombination mit einer

Hermann checkt die Kette, denn die muss immer glänzen.

Rennstrategie sinnvoll, die längere nächtliche Pausen zulässt.

Kontaktfläche Hände: Irritationen der Hände, insbesondere der Nervenbahnen, können zu einem DNF-Grund werden. Zur Vermeidung solcher Probleme sind häufige Positionswechsel sowie das Liegen auf den Aerobars angebracht. Entscheidend für die Entlastung der Hände ist aber die Stabilität des Rumpfes, also des Stützapparates aus Bauch- und Rückenmuskulatur. Je stabiler eine sportliche Sitzposition ist, sodass beim Treten keine intensive Unterstützung über den Schultergürtel und die Arme geleistet werden muss, umso geringer ist die Druckbelastung der Hände!

Rücken: Core-Training, wie ich es im Kapitel »Training für alternative Strategie« beschrieben habe, sollte mir helfen, das RAAM weitgehend ohne Rückenbeschwerden zu fahren. Vorstellbar war das allerdings nur schwer, da ich ohne Schmerzen kaum länger als eine halbe Stunde spazieren gehen kann.

Ich versprach mir eine Entlastung vom häufigen Wechsel der Sitzposition.

Gelenke, insbesondere das Knie: Die wichtigste Voraussetzung für ein beschwerdefreies Ultradistanzfahren ist neben einer optimierten Sitzposition auch eine hohe Trittfrequenz von etwa 90 Umdrehungen pro Minute, um die Kraft und damit den Druck auf die Gelenke bei sehr hohen Leistungen zu reduzieren. Wie sehr die Sitzposition für ein beschwerdefreies Fahren entscheidend ist, musste ich leider am Vortag des RAAM 2008 auf schmerzhafte Weise erfahren.

Stärkung der mentalen Leistungsfähigkeit

Jeder Mensch muss für sich selbst herausfinden, wo seine Schwächen liegen, wie er sie überwinden kann und welche Strategien am besten sind, um sich optimal zu motivieren. Da ich nur über meinen eigenen Weg berichten kann, ist dieses Kapitel nur exemplarisch zu sehen. Jeder muss seinen eigenen Weg finden, dennoch hoffe ich, dass ich hier einige Anregungen geben kann.

Mentale Stärke lebt von der inneren Überzeugung, dass ein Vorhaben machbar ist: Hat man keinen Glauben an den möglichen Erfolg, wird er auch nicht eintreten. Ist es meine Vorstellung, dass ich etwas erreichen kann – oder nicht, so liege ich vermutlich richtig. Was ich glaube, wird vermutlich auch eintreffen. Der Glaube versetzt Berge – oder er lässt sie stehen.

Den Glauben an ein großes Ziel kann man aufbauen, indem man den Weg dahin in kleinen Schritten unternimmt, wobei die Schritte von außen betrachtet immer größer werden. Von innen betrachtet jedoch nicht. Der jeweils folgende Schritt sollte immer um den gleichen Prozentsatz

Sabine arbeitet im Wohnmobil an der Abfüllung meiner nächsten Getränke-Rationen.

wachsen: Das nächste Mal wieder zwanzig Prozent weiter oder zwei Prozent schneller. Damit ist die neue Anforderung im Verhältnis zur vorhergehenden immer nur um so viel größer, wie diese zum vorhergehenden Schritt gewachsen war. Der neue Schritt sollte herausfordernd, aber machbar sein. Wenn man es dann geschafft hat, ist das Selbstvertrauen wieder ein Stück gestärkt.

Dies ist ein Fokussieren auf das Machbare. Dadurch erreicht man, dass man sich niemals überfordert und so den Spaß an der Sache nicht verliert. Das gilt insbesondere für das Training: Es ist die Pflicht, die man absolvieren muss, um die Kür – und als solche habe ich das RAAM immer betrachtet – mit Freude absolvieren zu können.

Sieht man das Training in diesem Zusammenhang als Pflicht, so stellt sich die Frage: Wem gegenüber habe ich mich eigentlich verpflichtet? Schon sehr früh plane ich meine Wettkämpfe für die folgende Saison. Jahr für Jahr wurden die Herausforderungen etwas anspruchsvoller, immer basierend auf dem vorher Erreichten. Ich verpflichte mich diesen Zielen dadurch, dass ich sie auf die Frontseite meines Trainingsbuches schreibe: Damit sind sie verbindlich fixiert! Als Nächstes folgt die Planung des Trainings; auch diese wird schriftlich festgehalten. So entsteht so etwas wie ein innerer Vertrag. Mein »Ich« steckt und plant ein Ziel und, um Freud zu bemühen, schließt dann einen bindenden Vertrag mit meinem »Überich«: Würde ich meine Ziele von da an nicht ernsthaft verfolgen, wäre wohl mit einem schlechten Gewissen zu rechnen.

Das Konzept der kleinen Schritte sollte nicht nur für die Wahl der Herausforderungen, sondern auch für das Training selbst gelten. Geduld beim Aufbau der eigenen Form zu haben ist wichtig! Nicht nur der Körper, auch der Kopf gewöhnt sich nur langsam und schrittweise an die steigende Belastung. Sich dessen bewusst zu sein ist entscheidend, um nachhaltig seine Grundlagenausdauer sowohl physisch als auch mental zu entwickeln. Das Gehirn ist trainierfähig wie ein Muskel; beide verbessern sich durch wiederholtes Setzen von Reizen mittels überschießender Adaptation während der Regeneration. Beide Systeme können aber auch überfordert werden! Mentale Regeneration ist deshalb genauso wichtig wie die physische Erholung, um einen Trainingsreiz effizient zu verarbeiten und ein »Burn-out« im mentalen System, sprich ein Übertraining, zu verhindern.

Training ist kein Wettkampf. Daher ist alles, was ich im Training unternehme, immer nur eine Simulation bestimmter Teilaspekte der nächstgrößeren Herausforderung. Das gilt insbesondere für das RAAM, das offensichtlich nicht im Ganzen simuliert werden kann. Viele Fragen, die erst während des Rennens in ihrer Gesamtheit endgültig beantwortet werden, kann ich mir jedoch isoliert bereits vorher stellen!

Man kann und muss versuchen, für Teilaspekte eine Antwort zu finden, um dann gedanklich die Antworten auf die verschiedenen Fragen zu vereinigen. Gelingt dies, hat man zwar noch kein vollständiges Bild der Herausforderung, aber schon eine komplexe Vorstellung, was einen erwartet und inwieweit man dafür gewappnet ist. Dies ist nötig, um das Rennen mit einer positiven Einstellung angehen zu können. Eine Auswahl von Fragen, die mich bewegten:

- Wie werde ich mit Hitze zurechtkommen?
- Kann ich täglich 15–20 Liter Flüssigkeit zu mir nehmen?

- Reichen 4–6 Stunden Schlaf zur Regeneration?
- Bei welcher Leistung spüre ich kaum Ermüdung?
- Mit welcher Sitzposition kann ich tagelang fahren?
- Und nicht zuletzt: Haben wir an alles gedacht?

Jede Frage beleuchtet nur einen kleinen Ausschnitt dessen, was im Wettkampf als Ganzes auf einen zukommt. Hier hilft nur Visualisierung! Man muss sich in die kommende Aufgabe hineinfühlen, die Teilantworten innerlich vernetzen und sich, quasi mit einem inneren Auge, die Aufgabe meistern sehen.

Hilfreich bei meinen Visualisierungsversuchen war das Offensichtliche: viel über das RAAM in Erfahrung zu bringen. Literatur von Veteranen half dabei, Kontakte zu Spezialisten in den einzelnen Fachgebieten, Gespräche mit ehemaligen RAAM-Fahrern und deren Betreuern, DVDs von früheren RAAM-Veranstaltungen. Ein enormer Vorteil war auch, dass Sabine und ich schon sehr häufig in den USA waren, dort auch schon mehrere Jahre gelebt hatten. So kannte ich zumindest einen Teil der Strecke.

Ich erinnere mich an einen frühen Morgen, als eine ältere Dame mich beim Training in der Sauna unseres Sportclubs besuchte und sich mit mir unterhielt. Die Zeit verging wie im Fluge. Leider unterbrach ich zeitweise während des Gesprächs meine Routine des zweiminütigen Trinkens. Mein Puls schoss nach einer halben Stunde in die Höhe, und zum ersten Mal nach diesem Training benötigte ich den Rest des Tages, um mich wieder zu erholen. Das war sehr lehrreich.

Das Erlernen und Durchführen stereotyper Abläufe ist enorm wichtig, wie mir dieses Beispiel eindrücklich demonstrierte. Dazu ist eine mentale Wachheit vonnöten. Was nützt die beste Vorbereitung, wenn man dann zu müde ist, um sich auf wichtige Dinge zu konzentrieren? Es gab hier einige Abläufe, die regelmäßig wiederholt werden mussten: Essen, Trinken, Handposition ändern, Wechsel vom Sitzen in den Wiegetritt, um orthopädischen Problemen vorzubeugen, und vieles mehr, insbesondere das wiederholte Überprüfen der Signale des Körpers und Entscheiden: Ist das nur eine vorübergehende Irritation, oder ist das schon der Beginn der Entwickelung eines größeren Problems?

Uwe und Markus trafen sich im Laufe der Vorbereitungen mit Jörn Gersbeck, dem letzten erfolgreichen deutschen Solo-Finisher beim RAAM. Er hatte sich vorher viel mit Meditation beschäftigt. Durch ein

Markus befragt Jörn Gersbeck (links), einen der wenigen deutschen RAAM-Veteranen, in dessen Münchner Heimat.

spezielles Training sei es ihm gelungen, bestimmte Schmerzen »auszuschalten«. Diese Aussage zeigt, welche Fähigkeiten in unserem Geist verborgen sind. Dennoch bezweifle ich, dass es sinnvoll ist, Warnsignale des Körpers mental auszublenden!

Ich bin sehr kompetitiv, was im beruflichen und sportlichen Leben meist eine Stärke war. Für die alternative Rennstrategie, wie ich sie für das RAAM geplant hatte, könnte sich diese Stärke in eine Schwäche wandeln. Ich sprach darüber mit einem Psychoanalytiker, mit dem ich mich bei einem Trainingsaufenthalt auf Mallorca anfreundete. Wir sinnierten einen ganzen Abend über ein Mantra, einen formelhaften Merkspruch, der mir helfen sollte, bestimmte Verhaltensweisen bewusst zu machen und steuern zu können.

Das Wort, das uns schließlich am besten gefiel, war »lassen«. Als Teil von Gelassenheit, als Signal dafür, etwas sein zu »lassen«, etwas loszulassen. Es ist ein einprägsames Wort und war damit gut als Mantra geeignet.

Ich suchte mir noch ein weiteres Mantra, das mir helfen sollte, im Notfall die letzten Kräfte zu mobilisieren. Ich fand es in englischer Sprache: »When the going gets tough, the tough get going.«

Der Spruch wird Joseph P. Kennedy, dem Vater des US-amerikanischen Präsidenten John F. Kennedy, zugeschrieben. Bekannt wurde er jedoch durch ein gleichnamiges Lied von Billy Ocean aus dem Jahre 1986. Frei übersetzt hat er die Bedeutung, dass nur die Hartnäckigen durchhalten und weiterkommen, wenn

Auf geregelte Pausen ist wenig Verlass, daher muss das Begleitteam jede Gelegenheit nutzen.

das Weiterkommen schwierig wird. Dies war zwar kein simples einzelnes Wort wie im Falle meines ersten Mantras, musste es aber laut »Thinking Body, Dancing Mind« auch nicht sein. In diesem Buch wird die Weisheit der taoistischen Philosophie auf den Sport übertragen. Es steckt voller Weisheit und führt in das Konzept des Taosports ein.

Eine Sichtweise, die ich aus dem Buch für mich übernahm, war die Ansicht, dass die anderen RAAM-Teilnehmer nicht meine Gegner seien. Ganz im Gegenteil! Jeder hat seine eigenen Motive, diese Herausforderung anzunehmen. Lust auf Konkurrenzkampf ist der unwahrscheinlichste Grund. Deshalb sind die anderen Fahrer vor allem Hilfen in meinem eigenen Bestreben, das Ziel zu erreichen – keine Gegner, sondern Motivatoren!

Optimierung des Materials

Das Material spielt im Radsport stets eine wichtige Rolle. Bei ultralangen Distanzen gilt dies in einem ganz besonderen Maße, da sich selbst kleinste Unterschiede zu großen Effekten aufsummieren: Eine Verbesserung der Rollreibung um nur zehn Watt kumuliert bei einem Rennen wie dem RAAM zu einer Gesamtbelastung, die etwa einer Fahrstrecke von über 300 km entspricht!

Bei einer »Tankfüllung« von etwa zehntausend Kalorien, die täglich zur Verfügung steht, kann eine Leistung von 140–150 Watt über 15-18 Stunden erbracht werden. Um bei dieser Vorgabe die maximale Geschwindigkeit zu erreichen, wurden alle Materialien eingehend überprüft und optimiert. Dies jedoch immer unter ergonomisch sinnvollen Annahmen: So wäre eine extreme Liegeposition zwar hervorragend geeignet, den Luftwiderstand zu reduzieren, würde jedoch das Durchqueren der gesamten USA aus orthopädischer Sicht mit großer Wahrscheinlichkeit verhindern.

Renn- und Laufräder: Bei insgesamt über 30000 Metern akkumulierter Anstiege haben das Gewicht und vor allem

Ein traumhafter Sonnenaufgang verzaubert die endlosen Weiten des Bundesstaates Kansas – und auch den heftigen Gegenwind.

die Stabilität des Rennrades einen großen Einfluss auf die zu erbringende Leistung. Mit dem Addict R2 von Scott fand ich die optimale Kombination dieser beiden wichtigen Faktoren.

Eines der beiden Addict plante ich in der leichtesten Version als »Bergrad« zu fahren, also ohne Lenkeraufsatz, um Gewicht zu sparen und viel Grifffläche bei aufrechter Sitzposition für die steilen Anstiege zu haben. Mit Mavics Cosmic Carbon Ultimate habe ich die leichtesten und stabilsten Laufräder mit geklebten 22er-GP4000-Reifen verwendet. Die 22er-Reifen sind für schnelle Fahrten wegen der schlechten Straßenbeläge in den USA leider nicht ideal, daher wollte ich diese ultraleichten Laufräder nur für die Anstiege verwenden.

Das zweite Addict baute ich mit dem CBX Pro Carbon-Triathlonlenker von Profile Design zu einem sehr bequemen Langstreckenrad um, auf dem ich »liegen« konnte, um die Aerodynamik zu verbessern, aber vor allem um die Hände zu entlasten. Für gute Aerodynamik sollten auch die Mavics Cosmic Carbon-Laufräder sorgen, die ich mit 25er-GP4000s-Reifen fahren würde (siehe unten).

Das Plasma von Scott war nur als Ersatzrad geplant, da ich wegen der schlechten Straßenverhältnisse mit einer 25er-Bereifung fahren wollte, dies aber aufgrund der aerodynamisch optimiert engen Führung der Hinterradstreben beim Plasma nicht möglich war. Auch hatte ich Sorge, in einer zu extremen Liegeposition Nackenprobleme zu provozieren.

Reifen: Oft unterschätzt, beeinflussen meines Erachtens die Reifen mehr als jedes andere Bauteil das Fahrverhalten eines Rennrades. Kurvenstabilität und Pannensicherheit sind beachtenswerte Kriterien, wenn man böse Überraschungen verhindern möchte. Das Rollverhalten hat einen Einfluss auf die Leistung, die erbracht werden muss. Da der Unterschied im Rollwiderstand zwischen guten und schlechten Reifen oft nur im Bereich von 5–15 Watt liegt – bei etwa 30 km/h und mittlerem Gewicht von Fahrer plus Rennrad – wird dieser Wert oft in seiner Bedeutung unterschätzt, da er im Vergleich zum Luftwiderstand vernachlässigbar erscheint, der, je nach Geschwindigkeit, diesen Wert um das 10- bis 20-Fache übersteigt.

Dennoch, wie eingangs erwähnt, summieren sich zehn Watt zu einer enormen Distanz, wenn es sich um das längste Rennen der Welt handelt! Multipliziert man die zehn Watt mit 160 Stunden (die resultierende Fahrzeit bei 30 km/h) und rechnet dabei einen mittleren Wirkungsgrad von 23 Prozent ein, ergeben zehn Watt einem Energiebedarf von etwa 6000 Kalorien: Damit kann man für etwa zehn Stunden bzw. etwa 300 km weit fahren! Eindeutiger Favorit, der in allen Bereichen die besten Werte liefert, war der GP4000s von Continental.

Kleidung, Aerodynamik: Das Wichtigste bei der Kleidung waren für mich die Sitzpolster und die Passform der Hosen: Mit den Gore Bike Wear Xenon-Produkten hatte ich die optimale Kombination gefunden.

Der perfekte Schnitt: Meine Mutter Sonja optimiert die Aerodynamik meiner Kleidung, denn jedes Watt mehr an notwendiger Leistung hat auf fast 5000 Kilometern einen signifikanten Effekt.

Die extremen klimatischen Wechsel von sehr heißen Wüstenpassagen zu den eisigen Pässen der Rocky Mountains stellen große Anforderungen an die Bekleidung. Glücklicherweise unterstützte mich Gore Bike Wear mit den besten Materialien, die derzeit auf dem Markt zu haben sind. Zudem bat ich meine Mutter, bei den Trikots Hand anzulegen und im Taillenbereich Abnäher anzubringen, damit auch bei schnellerer Fahrt keine Falte im Wind flatterte.

Bei extremer Hitze und Sonneneinstrahlung plante ich die Funktionsunterhemden von Diadora, Hidden Power Pro Out, zu »Trikots« umzufunktionieren. Damit kombinierte ich Kühlung und Sonnenschutz mit einem Lichtschutzfaktor von über 50.

Vorbau: Der flexible Ergostem-Lenkervorbau von Look war Gold wert, da er uns die Einstellung des CBX Pro Carbon-Triathlonlenkers auf meinem Addict flexibel gestalten ließ. Mit einem Griff konnte der Lenker von einer gegenüber dem Sattel unterhöhten in eine überhöhte Position gebracht werden. Dies war für eine langfristig bequeme Liegeposition unerlässlich.

Leistungsmessung: Das Leistungsmessgerät von Schoberer Radmesstechnik (SRM) war unentbehrlich für die Steuerung der Leistung während des Trainings und vor allem während des RAAM. Die Steuerung der Leistung über die Herzfrequenz ist im Ultralangstreckenbereich nicht sinnvoll. Außerdem wollten wir mit dem SRM-System zum ersten Mal das gesamte Rennen aufzeichnen: Jede Kurbelumdrehung, jeder Herzschlag und vor allem eine Detailaufnahme der gesamten Belastung stünden zur Verfügung. Das sollte ein gutes Bild darüber liefern, was es braucht, das Race Across America zu bestehen.

Ein letztes Einschwören des Teams:
»Michael for Finisher«.

Das Betreuerteam

Ohne die hervorragende Betreuung durch mein Team hätte ich das Rennen nicht geschafft; dazu gehören auch die Arbeiten »hinter den Kulissen«.

Die Zusammenstellung des Betreuerteams entscheidet wie kaum ein anderer Faktor über den Erfolg und Misserfolg beim RAAM. Es gibt hierzu eine mittlerweile viel zitierte Aussage: »Das Team kann den Athleten nicht ans Ziel bringen, aber dafür sorgen, dass er es niemals erreicht.« Hält das Team nicht zusammen oder ist es schlichtweg nicht kompetent genug, so ist die RAAM-Teilnahme zum Scheitern verurteilt. Dennoch ist diese Aussage meines Erachtens nur zur Hälfte richtig und damit auch zur Hälfte falsch. Fehler, die das

Begleitteam begeht, können zur Aufgabe führen, aber genauso kann ein gutes Team dafür sorgen, dass der Athlet nicht vorzeitig aufgibt! Sicher muss jeder Athlet die Strecke körperlich alleine bewältigen, da aber der Geist den Körper bewegt, hat das Team viel mehr Einfluss auf den Erfolg, als man zunächst annehmen würde. Für mich war von Anfang an klar: Das RAAM wird eine Teamleistung sein!

Was zeichnet ein gutes Teammitglied aus? Wen kann man mitnehmen, wen lässt man besser zu Hause? Hier ein paar gute Eigenschaften eines idealen Teammitglieds:

- Freude am Abenteuer und die Bereitschaft, auch etwas auszuhalten
- Teamgeist
- Humor
- Kreativität
- Effektivität bei minimalen Hygienemöglichkeiten
- Fähigkeit, sich auch einmal auf die Zunge beißen zu können: »Schweigen ist Gold«
- Bereitschaft, das eigene Aussehen während des Rennens nicht zu wichtig zu nehmen
- Einsatzbereitschaft, auch nach kleinsten Schlafpausen
- Sicherheit beim Autofahren
- Fachkompetenz in mindestens einer wichtigen Teamaufgabe

Und hier ein paar schlechte Eigenschaften:
- Egozentrik
- Morgenmuffeligkeit
- Faulheit, vor allem auf Kosten anderer
- Launenhaftigkeit
- Unfähigkeit, den Mund zu halten
- Missmutigkeit, insbesondere, wenn es beim Rennen nicht so gut läuft

Empfehlenswert ist es, das Team, oder zumindest verschiedene Teammitglieder, in RAAM-ähnlichen Situationen zu testen. Dafür boten sich für uns die 24-Stunden-Rennen an, die ich in der langjährigen Vorbereitung auf das RAAM immer wieder gefahren bin. Ein Jahr vor dem RAAM sollte das Team feststehen, damit sich alle so gut wie möglich kennenlernen und gemeinsam etwas Erfahrung sammeln können.

Die Zusammensetzung des Teams hängt natürlich entscheidend von der Rennstrategie und -taktik ab. Geplant wurden zwei täglich alternierende Schichten, damit sich jeder im Team regelmäßig eine Pause gönnen konnte: »Das Team darf nie müder sein als ich«, war ein wichtiger Leitsatz. Sobald dies passiert, ist die Gefahr sehr groß, dass die Unterstützung des Fahrers nachlässt oder fehlerhafte Entscheidungen getroffen werden und womöglich sogar ein Unfall provoziert wird. Dass sich die Teammitglieder gegenseitig aufreiben, war für mich das Horrorszenario schlechthin, und nicht nur, weil es auch sehr häufig in einem Abbruch des Rennens seitens des Fahrers endet. Schlafmangel ist ein enormer Stressfaktor! Aber auch ein Mangel an Privatsphäre kann dazu beitragen; ebenso schlechte Hygiene. Unzureichende Kommunikation und ein mangelhaftes Verständnis, wie in möglichen Krisen gehandelt werden muss, können das Team sehr belasten.

Da nicht alle Teammitglieder ausreichende Englisch-Kenntnisse hatten, fertigte ich eine interpretierende Übersetzung des RAAM-Reglements an.

Eine gute Kommunikation zwischen den Fahrzeugen musste gewährleistet sein. Neben den mittlerweile klassischen Tri-Band-Handys aus Deutschland bekam jedes Begleitfahrzeug ein Walkie-Talkie mit etwa 10–15 km Reichweite, um kostengünstig, aber vor allem in funkfreien Gebieten untereinander kommunizieren zu können. Zusätzlich wurde jedes Fahrzeug mit dem Handy eines US-Providers ausgestattet, um die lokalen Netze nutzen zu können, mit der Rennleitung zu kommunizieren oder ein Hotel vorzubuchen.

Schon sehr früh wurden alle Mitglieder des Teams auf meine alternative Rennstrategie eingeschworen. Ich plante, lange zu schlafen, während die anderen Rennfahrer vermutlich noch weiterfahren würden. Darum musste ich im Team für den Glauben an den Erfolg dieser Strategie werben. Eine gemeinsam definierte, allem anderen übergeordnete Zielsetzung ist vor allem dann wichtig, wenn sich während des Rennens Umstände ergeben, die eine Änderung der Tagesplanung erforderlich machen. Solche Änderungen dürfen nur taktischer, aber nicht strategischer Art sein! Auch musste für eine Entscheidungshierarchie gesorgt werden, denn demokratische Prozesse sind in der Entscheidungsfindung in einem Rennen viel zu langsam und zu unsicher.

Da wir zwei Schichten planten, benötigten wir zwei Teamchefs. Für akut anstehende Fragen, die nur eine Schicht beträfen, sollte jeder Teamchef eigenverantwortlich handeln. Wäre eine Entscheidung von längerfristiger Bedeutung, sollten sich beide Teamchefs absprechen, um dann ihre Vorschläge, falls sie mich direkt betreffen würden, mit mir abzustimmen. Ich wollte in diesen Fällen das letzte Wort haben, da ich davon ausging, dass ich mich selbst am besten kenne und mit der alternativen Strategie auch immer »bei klarem Verstand« sein würde.

Zumindest eine Person, die über gute Englisch-Kenntnisse verfügt, sollte jederzeit in jedem der Begleitfahrzeuge mitfahren. Man kann nie vorhersehen, wann man mit der Außenwelt in Kontakt treten muss.

Die Teamleitung teilten sich Horst Hauber (Abb. auf S. 94, 5. v. l.) und Markus Hilgart (4. v. l.). Horst ist seit über 30 Jahren mein bester Freund, der mich bei allen Vorbereitungsrennen betreute und auch so manche Trainingseinheit mit mir fuhr. Markus lernte ich ein Jahr vor dem RAAM beim Spinning in einem Sportstudio in München kennen. Da er selbst Radsportler ist und von dem Vorhaben begeistert war, nahm ich ihn gerne ins Team auf. Seine berufliche Erfahrung in der Team-Organisation kam uns beim RAAM sehr zugute. Beide Teamchefs vertraten die gleiche Philosophie und sollten abwechselnd vom Begleitfahrzeug aus das Rennen managen.

Die medizinische Betreuung oblag Dr. Michael Birling (3. v. l.) und Annette Eller (1. v. l.). Michael musste sich als Hals-Nasen-Ohren-Arzt in die besonderen Erfordernisse beim RAAM erst einarbeiten. Sportspezifische Erfahrung war für mich keine Notwendigkeit, da es sich hier um ein vielschichtiges Rennen handelt. Annette hat eine eigene physiotherapeutische Praxis und breite Erfahrung mit Kinesio-Taping, Lymphdrainage und mit verschiedensten sportphysiologischen Therapieansätzen.

Um die Ernährung für mich, aber auch das gesamte Team, sollte sich Sabine,

Ich konnte auf eine großartige Mannschaft bauen: Jedes der acht Teammitglieder ist ein Spezialist auf seinem Gebiet und kannte seine Aufgaben.

meine Frau (1. v. r.), kümmern. Sie kennt meine Bedürfnisse und nahm sich hauptberuflich des Wohnmobils an, von wo aus sie uns bestens versorgen konnte.

Paul Trommler (3. v. r.), promovierter Biologe, ist ein langjähriger Mitarbeiter der Münchner Biotechfirma, die ich fast acht Jahre leitete. In dieser Zeit entwickelte sich Paul zu unserem Experten in Sachen Internet, Kommunikation und Datensicherheit. Er war daher auch beim RAAM für den reibungslosen technischen Ablauf verantwortlich.

Hermann Frey (2. v. r.), Radmechaniker und die ruhige Seele des Teams, sollte unsere Oase in der Wüste, das Wohnmobil, immer sicher in greifbarer Nähe postieren; und nebenbei für eine glänzende Fahrradkette sorgen; so die Kurzfassung seines Jobs, alle Räder immer in optimalem Zustand zu halten.

Uwe Geißler (wie üblich hinter der Kamera), ist als Herausgeber des Magazins »TOUR« ein renommierter Experte in Sachen Radsport und bekannt für seine exzellenten Fotos. Ich war schon in der gesamten Vorbereitung auf das Rennen sehr froh, ihn beratend, insbesondere in Materialfragen, an meiner Seite zu haben, und war sicher, dass unser Abenteuer durch ihn hervorragend dokumentiert werden würde. Dafür hatte er im Team fast völlige Freiheit. Er sollte nur dafür sorgen, dass sich das »Media-Car« stets in einer akzeptablen Entfernung vom »Pace-Car« befand: Dies war zur Sicherheit gedacht, falls das Pace-Car eine Panne hätte und dann das Media-Car meine direkte Betreuung übernehmen müsste. Wir hatten zwei identische Fahrzeuge gemietet, um im Notfall auch schnell einmal die beiden Fahrzeuge tauschen zu können.

Anti-Doping-Konzept

. . . .

Kann sich der Laie überhaupt vorstellen, dass das Race Across America mit legalen Mitteln machbar ist, wenn die erbrachte Leistung bei Profi-Rennen wie der Tour de France (TdF) leider immer wieder auf die Einnahme verbotener Mittel zurückzuführen ist?

Bei der TdF werden Distanzen von etwa 150 Kilometern in einem Stundenmittel um die 40 km/h gefahren. Oft mit steilen und langen Bergstrecken gespickte Etappen bedingen sehr hohe Leistungswerte. Ein durchschnittlicher Tag beim RAAM verlangt genau das Gegenteil: Möglichst geringe Leistungswerte bei maximaler Ökonomie. Dies mit dem Ziel, sowohl eine frühzeitige Ermüdung zu verhindern als auch den Energiebedarf, der einen limitierenden Faktor darstellt, so niedrig wie möglich zu halten.

Um beim RAAM täglich die etwa dreifache Distanz der TdF zu bewältigen, wird insgesamt mehr Arbeit geleistet. Begrenzt wird diese durch die Mobilisierung der Energiespeicher und vor allem durch die limitierte tägliche Energieaufnahme. Dies erzwingt eine Ökonomisierung der Fortbewegung: Drastisch geringe Geschwindigkeiten über im Vergleich überproportional lange Zeiträume. Die mittlere Geschwindigkeit, die netto bei der Standardstrategie gefahren wird, liegt nur bei etwa 20–25 km/h. Damit wird der Luftwider-stand, der überproportional mit der Geschwindigkeit anwächst, möglichst gering gehalten. Die dafür erforderliche Leistung kann ein durchschnittlich trainierter Sportler auch ohne Doping leicht erzielen.

Würde man die Leistung – mit unerlaubten Mitteln – signifikant erhöhen, ergäbe sich auch ein gesteigerter Energiebedarf (siehe auch Kapitel »Ernährungskonzept«) mit der Gefahr eines metabolischen »Burnouts«. Da die tägliche Nahrungsaufnahme begrenzt ist, könnte dieser nur mit dem Einsatz von energiereichen Infusionen verhindert werden – und die sind wiederum nicht zugelassen! Die Herausforderung beim RAAM ist weit mehr im mentalen Bereich, beim Stoffwechsel und in der orthopädischen Prophylaxe zu sehen. Auch ein gut funktionierendes Immunsystem ist von großer Bedeutung, so sind zum Beispiel Infekte der Atemwege ein häufiger Aufgabegrund.

Ich sehe für das RAAM, anstelle des klassischen Dopings zur Leistungssteigerung, eine ganz andere Gefahr des Missbrauchs, und zwar dann, wenn durch die klassische Strategie Fahren unter extremem Schlafmangel erzwungen wird. Hier könnten Amphetamine, die durch eine anregende Wirkung auf das Zentralnervensystem für ein reduziertes Schlafbedürfnis sorgen, auf illegale Weise zum Einsatz kommen. Ich will damit nicht behaupten, dass Aufputschmittel beim RAAM Verwendung finden, dafür habe ich keine Hinweise; ich möchte an dieser Stelle nur der Vollständigkeit halber darauf hingewiesen haben.

Ich glaube nicht, dass Doping unter RAAM-Athleten ein mit der Profiszene vergleichbares Ausmaß hat. Ich habe allerdings weder Beweise dafür noch dagegen. Einzig die Aussagen von ehemaligen Betreuern von RAAM-Veteranen machen mich stutzig. So wurde empfohlen, große Mengen an Schmerzmitteln wie Voltaren oder Aspirin auch vorbeugend zu verwenden. Auch um tägliche Infusionen, die für zusätzliche Flüssigkeit und Ernährung sorgen, sei nicht herumzukommen. »Anders ist das RAAM nicht machbar!«, so die Aussagen. Obwohl das Erstere nicht verboten und Letzteres unter der Annahme einer medizinischen Indikation (z. B. akute Dehydrierung) sogar eingeschränkt gestattet ist, deuten diese Aussagen jedoch an, dass die medizinischen Möglichkeiten

oft ausgereizt werden. Dies lehne ich für mich strengstens ab! Mit der alternativen Strategie – so hoffte ich – würde ich mich ausreichend ernähren und für die nötige Regeneration und damit weitgehende Schmerzfreiheit sorgen können.

Im Kapitel »Die Frage nach dem Warum« habe ich zu erläutern versucht, welche Motive Sportler dazu bewegen, beim RAAM teilzunehmen. Die wenigsten gehen hier an den Start, um andere zu besiegen – kaum einer misst sich mit realen Gegnern, hier kämpft man mit sich selbst. Man kämpft gegen seine eigenen »Dämonen«. Doping wäre ein Pyrrhussieg, das heißt: ein zu teuer erkaufter Erfolg, mit dem man in erster Linie sich selbst betrogen hätte! Nur wer hier mit fairen Mitteln arbeitet, kann am Ende mit sich und dem Erreichten zufrieden sein. Erleichtert man dagegen die Aufgabe mit unerlaubten Hilfsmitteln, könnte man auch gleich in ein Auto steigen oder einen kleinen Elektromotor am Rad installieren. Nur 20 Watt zusätzliche Leistung und ein Sieg wäre fast sicher!

Die Etablierung eines umfassenden Anti-Doping-Konzepts ist aus verschiedensten Gründen notwendig gewesen:

1. Um allgemeinen Zweifeln, ob das RAAM ohne Einsatz unerlaubter Mittel überhaupt zu bewältigen ist, entgegenzutreten.
2. Um Antworten auf Fragen zu haben, die zwangsläufig aufkommen würden, falls die alternative Strategie erfolgreich wäre und ich das RAAM ohne

Immer wieder werden unter Zeugen Blutproben zur Dopingkontrolle abgenommen.

Schwierigkeiten und im Vergleich zur
Konkurrenz mit wesentlich höheren
Nettogeschwindigkeiten fahren würde.
3. Um zu zeigen, dass berichtenswerte
sportliche Höchstleistungen auch ohne
Doping zu erreichen sind. Ich möchte
mit unserem Konzept dem Radsport,
der mir sehr viel bedeutet, wieder
eine gewisse Glaubwürdigkeit zurück-
bringen.

Ich nahm mir vor, schon die Vorbereitung
auf das RAAM als »gläserner« Athlet zu gestalten. Das wurde jedoch schwieriger, als
ich es zunächst erwartet hatte. Sämtliche
Institute und Behörden, die sich um die
Aufdeckung von Doping-Praktiken bemühen, erteilten Absagen mit verschiedensten Begründungen:

1. Ich sei kein Profi, und nur diese unter-
lägen den Testprogrammen.
2. Kosten und Aufwand seien zu hoch.
3. Keine Kapazität, so kurz vor den Olympischen Spielen in Peking.
4. Kein Test sei hundertprozentig, und
man möchte mir keinen Persilschein

geben, auch wenn ich negativ getestet
werden würde.
5. Kein Interesse.

Wenige Monate vor dem Rennen ließ ich
einen letzten Routine-Check im Institut
für Rehabilitation und Sportmedizin der
Freiburger Universität durchführen. Im
Eingangsbereich warteten schon die Reporter, jedoch nicht auf mich, sondern auf
weitere Enthüllungen der Dopingskanda-
le um dieses Institut! Ich erwähnte gegenüber dem ärztlichen Leiter der Abteilung,
Prof. Dr. Hans-Hermann Dickhuth, meine
Schwierigkeiten, gegen Doping getestet
zu werden.

Da die Abteilung für Sportmedizin und
Rehabilitation sich selbst rehabilitieren
musste und zu dieser Zeit der wohl am
intensivsten auf verbotene Doping-Praktiken untersuchte Ort der Erde war, nahm
ich sein überraschendes Angebot an – unter Zusage vollständiger Transparenz –,
eine Anti-Doping-Überwachung durch
sein Institut durchführen zu lassen. Der
oberärztliche Leiter, Dr. Yorck Olaf Schumacher, entwickelte dazu ein umfassen-
des Konzept, zu dessen Einhaltung sich
alle Beteiligten verpflichteten.

Das Anti-Doping-Konzept sollte die
Schwächen der gängigen Anti-Doping-
Praxis umgehen. Diese sieht eine soforti-
ge Analyse der gewonnenen Proben vor.
Damit berücksichtigt sie nicht solche
Substanzen, die zum Untersuchungszeit-
punkt noch nicht nachweisbar sind. Das
Anti-Doping-Konzept von Dr. Schumacher
beinhaltet zwar einerseits die sofortigen

Dopingtests, lässt aber auch langfristig den Nachweis des Gebrauchs unerlaubter Mittel zu.

Das Anti-Doping-Konzept besteht darin, dass in der Phase vor dem Rennen über drei Monate fast wöchentlich Proben von Urin und Blut für eine eventuelle spätere Analyse eingefroren werden. Während des Rennens sollte dies von unserem Teamarzt fast täglich, insgesamt siebenmal durchgeführt werden. Vor und direkt nach dem Wettkampf würden außerdem biologische Profile der wichtigsten Blut-Kennwerte (Hämoglobin, Hämatokrit, Blutvolumen, Retikulozyten) angefertigt werden. Die Auswertung dieser Profile sollte nach den gleichen Kriterien erfolgen, die seit 2008 auch der internationale Radsportverband (UCI) in Zusammenarbeit mit der Welt-Antidoping-Agentur (WADA) im Kampf gegen Blutdoping im Profiradsport anwendet. Die Authentizität meiner Proben sollte auch in Zukunft durch DNA-Analyse leicht überprüft werden können. Zudem sah das Anti-Doping-Konzept vor, dass die Probengewinnung durch Zeugen überwacht und dokumentiert wird.

Der Hintergrund für dieses Konzept ist zum einen die Vorhaltung der Proben für zukünftig verbesserte Analysemethoden in der Dopingbekämpfung. Zweitens die Tatsache, dass ein Blutdoping mittels der biologischen Profile gut zu überwachen ist. Und drittens, dass auch Psychopharmaka wie Amphetamine zur Verbesserung der Aufmerksamkeit während des RAAM über die Urinproben gut nachzuweisen

Mein erster Hamburger, gestiftet von McDonald's zur Feier des »Bergfestes« in Pratt, Kansas: Halbzeit!

sind. Dasselbe gilt für Anabolika sowie für Kortikosteroide jeder Art.

Um die Urin- und Blutproben auch während des RAAM auf Dauer sicher zu lagern, kauften wir einen transportablen Gefrierschrank. Trotz all dieser Maßnahmen bleibt festzuhalten:

1. Das RAAM ist – meines Erachtens – gerade wegen der relativ niedrigen Leistungswerte kein lohnendes Ziel für eine leistungssteigernde Doping-Praxis.
2. Das RAAM ist hauptsächlich eine mentale Herausforderung. Über einen Zeitraum von 9–12 Tagen das Organ, welches die mentale Leistung erbringen muss, mit unerlaubten Mitteln zu dopen, halte ich nicht für realistisch und für so gefährlich, dass es selbst für hartgesottene Doper ein zu großes Risiko darstellen sollte.

Das Rennen

Noch 24 Stunden bis zum Start

...und ich hatte Knieschmerzen – zum ersten Mal seit Monaten – und heftige noch dazu. Und ich wusste auch, weshalb. Markus und ich hatten einen Tag vor dem Start noch eine kleine Ausfahrt auf meinen beiden Addict-Rennrädern unternommen. Wir fuhren von der Pier in Oceanside, wo das RAAM mit einer Parade am folgenden Tag um 12:00 Uhr mittags beginnen würde, etwa 21 Kilometer landeinwärts zur alten Brücke am Old Highway 76. Hier würde die gemeinsame Fahrt aller Rennteilnehmer enden und das über 4800 km lange Rennen nach ansteigenden Startnummern der Reihe nach im Minutentakt beginnen.

Ein kräftiger Wind vom Pazifik blies uns landeinwärts. So konnte ich es mir für das gesamte Rennen nur wünschen – alle würden den bestehenden Temporekord brechen.

Ich spürte das Adrenalin in meinem Blut. Wie in einem Rausch rollte ich dahin. Markus mahnte, ich solle meine Kraft für morgen aufheben. Seit fast drei Wochen hatte ich mich geschont, es war das bisher längste »Tapering« vor einem Wettkampf. Dazu die große Anspannung wegen des morgigen Starts, die durch das Befahren der offiziellen Strecke noch verstärkt wurde. Und nicht zuletzt die umfangreichen, aber gut verlaufenen Inspektionen meiner Räder und unserer Begleitfahrzeuge durch die Race Officials, die noch kurz vor unserer Ausfahrt stattgefunden hatten, all das trieb mich an. Vermutlich brauchte ich deshalb zu lange, um die Ursache der immer heftiger werdenden Knieschmerzen zu erkennen.

Ich vermutete zunächst, dass meine Psyche mir einen Streich spielte und ich mir aus lauter Nervosität diese Beschwerden nur einbildete. Aber es war die Sattelstütze! Die vielen Schlaglöcher der überwiegend schlechten amerikanischen Straßen hämmerten sie Millimeter für Millimeter in das Sitzrohr hinein, sodass sich der Druck auf meine Kniescheibe durch die veränderte Sitzgeometrie unweigerlich erhöhte. Und dies genau an der arthrotischen Stelle, die ich bei optimierter

Letzte Gedanken beim abendlichen Abschied vom Pazifik: Ich bin bereit!

Sitzposition normalerweise nicht belaste. Als ich bemerkte, was meine Beschwerden verursachte, war es zu spät: Aus der latenten Arthrose war eine akute Arthritis geworden.

Wir waren kaum 10 km gefahren, und schon schmerzte jede Kurbelumdrehung. Wie sollte ich fast 5000 km überstehen? Eigentlich war diese letzte kleine Ausfahrt neben dem Kennenlernen der Paradestrecke hauptsächlich zur Beruhigung gedacht gewesen – und nun hatte ich genau das Gegenteil erreicht: Ich war zutiefst beunruhigt!

Wir hatten Werkzeug dabei, stellten die Sattelstütze anderthalb Zentimeter höher und fuhren die letzten Kilometer bis zur Brücke. Trotz niedrigem Gang und weiterhin heftigem Rückenwind ließen die

Schmerzen nur wenig nach. Wir kehrten um und hatten nun den Wind von vorne. Der Wattmesser zeigte auch gleich sehr hohe Werte an, und die korrelierten sehr schön mit meinen Beschwerden.

Ich musste nochmals anhalten. War der Traum zu Ende? Ich malte mir schon aus, wie ich mich unter einer Voltaren-Dauermedikation durchzubeißen hätte. Das gesamte Rennen mit einer entzündeten Kniescheibe zu fahren war eine schreckliche Vorstellung. Ich überprüfte die Höhe der Sattelstütze. Mist! Schon wieder war sie einen Zentimeter nach unten gerutscht! Zum zweiten Mal hatte ich den Verschluss bewusst nicht mit aller Kraft zugezogen, da ich fürchtete, die Karbonteile zu beschädigen. Ohne intaktes Sitzrohr wäre das Rad nicht mehr zu gebrauchen.

Annette, meine Physiotherapeutin, legt
kurz vor dem Start nochmals Hand an.
Lockern ist angesagt.

Einen Drehmomentschlüssel hatten wir
nicht dabei. Also nochmals, mit etwas
mehr »gefühltem« Zug.

Wir schlichen langsam zurück, entsprechend langsam wurde auch mein
Problem erträglicher. Kaum zurück im
Hotel, nahm sich meine physiotherapeutische Abteilung, Annette, der Sache an.
Annette war zuversichtlich, dass eine ma-
nuelle Therapie und ein Tape-Verband bis
zum nächsten Morgen das Problem lösen
würden – das beruhigte mich etwas.

Mittlerweile ging es in den Nachmittag. Paul Trommler, der als letztes Teammitglied anreiste, musste in Los Angeles
abgeholt werden. Da Paul das Wohnmobil
und das Media-Car steuern dürfen sollte,
mussten versicherungstechnisch noch
einige Unterschriften geleistet werden –
und zwar von allen im Team, die auch auf
diese beiden Fahrzeuge eingeteilt waren.

Infolgedessen musste fast das gesamte
Team gleich mit zu den entsprechenden
Autovermietungen. Zuerst zu National, wo
wir Paul treffen sollten, und dann noch zu
Cruise America, wo Paul auch noch das

Benutzervideo für das Wohnmobil anse-
hen musste. Und so, anstatt mich vor dem
Start auszuruhen und auf das Rennen zu
konzentrieren, musste auch ich auf diese
Reise, die sich zu einer Odyssee entwickeln sollte. In Deutschland hatten wir
noch besprochen, dass irgendein Teammitglied Paul vom Flughafen abholen würde,
wir hatten sogar die Führerscheine aller
Teammitglieder dabei. Aber die Arbeits-
weise der Autovermietungen machte uns
einen Strich durch die Planung.

So lernten Sabine und ich schon am Tag
unserer Ankunft, dass man uns nur fünf
Fahrer pro Fahrzeug gestatten würde! Das
verursachte erhebliche logistische Probleme. Unsere Planung, immer die komplette Besatzung des Pace-Cars in Schichten
auszutauschen, war über den Haufen ge-
worfen worden. Davor, dass nicht das gesamte Team alle Begleitfahrzeuge fahren
dürfe, hatte mich die Autovermittlung in
Deutschland, trotz meines Nachfragens,
nicht gewarnt – sie wusste es nicht, war
jedoch fälschlicherweise zuversichtlich,
und ich allzu leichtgläubig.

Mein Begleitteam nicht einfach austau-
schen zu können war die logistische Folge. Horst und Markus würden mich meist
gemeinsam anstatt abwechselnd betreuen
müssen, Schlafen im Begleitfahrzeug zur
Routine werden. Damit hatten wir uns
aber schon abgefunden, mehr jedoch ärgerte mich meine Leichtgläubigkeit.

Die zum Wochenende hin vermutlich
gewöhnlichen, aber für uns unerwartet
langen Warteschlangen sowie das extreme
Verkehrsaufkommen führten letztendlich

dazu, dass es ein langer Nachmittag wurde, mit weit reichenden Konsequenzen!

Mein Magen knurrte, und das war ein schlechtes Zeichen. Nach dem ganzen Autovermietungsstress würde ich nun auch noch eine Diät einlegen – und das am Vorabend des schwersten Ausdauerwettkampfs auf diesem Planeten. Schnell entschieden wir, bei der nächsten Ausfahrt einen Raststopp einzulegen. Dort wartete leider nur ein mexikanischer Schnellimbiss auf uns. Eine Kausalkette, die mit fehlerhafter Reiseplanung begann und schon die formellen Probleme beim Autoanmieten verschärft hatte, hatte nun ihr nächstes Glied erreicht: So übel wie die beiden Burritos schmeckten, so schnell verschlang ich sie. Danach hatte ich zwar keinen Hunger mehr, aber wirklich besser ging es mir nicht, nur anders. In der folgenden Nacht schwitzte ich übermäßig und bekam Magen- und Darmkrämpfe. Pünktlich zum Start gesellte sich dann noch ein leichter Durchfall dazu. Die Kausalkette war in meinem Inneren angekommen! Unser Doc verabreichte mir noch am Morgen vor dem Start zwei Kapseln Perocur forte: Hefe, um meinen Darm zu beschwichtigen.

Der Startschuss

Es waren nur noch wenige Stunden bis zum Start. Der Wind war schon etwas wärmer, obwohl er vom Meer herüberwehte. Ständig sorgte mein Team dafür, dass ich mich im Schatten aufhielt und Flüssigkeit zu mir nahm. In meinem Bauch rumpelte es, aber ansonsten ging es mir gut. Mein

Letzter Check des Rades durch die Race Officials: alles okay. Nun kann es losgehen.

Ruhepuls war am Morgen mit 55 Schlägen pro Minute um 40 Prozent erhöht gewesen. Ich schob dies auf das Adrenalin, das sich vor einem wichtigen Start immer anstaut, sich auf der Rennstrecke aber bald verbrauchen würde. Es war eine aufregende Stimmung: letzte Interviews vor dem Start, viele Glückwünsche, es knisterte in der Luft.

Uwe schoss viele Bilder: Den Start gab es nur einmal, jetzt nur nichts verpassen! Mit Rozzy und Scott waren zwei unserer Freunde aus San Diego gekommen, um mir auf die Schulter zu klopfen, uns alles Gute zu wünschen. Sabine und ich kennen die beiden seit fast 18 Jahren. Sarah wurde damals in San Diego geboren, als Sebastian zwei Jahre alt war. Jetzt hielt ich einen Brief von ihr und Nadja, unserer Jüngsten, in der Hand. Sabine hatte ihn seit unserer Abfahrt aus Deutschland mit dabei. Ich solle auf mich aufpassen und gesund nach Hause zurückkommen. Und sie seien sich ganz sicher: »Du schaffst das!«

Noch eine letzte Massage, dann wurde jeder einzelne Fahrer persönlich aufgerufen. Es waren 24 der 27 RAAM-Solisten am Start: Die beiden weiblichen Fahrer, Caroline van den Bulk und Janet Christiansen, sowie Richard Rupp, einer der beiden Senioren, waren schon einen Tag früher auf die Reise geschickt worden. Ihnen standen 21 Stunden mehr zum Finishen zur Verfügung. Nur David Jones, der zweite Senior, hatte sich entschieden, mit im Hauptfeld zu starten. Er wollte einen neuen Seniorenrekord aufstellen, und das, so hoffte er, würde ihm im Hauptfeld leichter fallen.

Das Hauptfeld wurde ergänzt durch Rennfahrer, die an zwei parallel stattfindenden Rennen teilnahmen: Zum einen war dies die »24 Hour Challenge«, die in Flagstaff, Arizona, endete, und zum anderen das »Race Across the West«, bei dem etwa 1000 Meilen bzw. 1600 km bis nach Taos in New Mexico gefahren werden mussten. Beide Rennen waren trotz oder gerade wegen ihrer Länge als eine Art »Schnupperkurs« für das Race Across America gedacht und wurden auch jeweils unter RAAM-Reglement auf der 2008-RAAM-Route gefahren.

Alphabetisch korrekt wurde ich aufgerufen. Noch ein letztes Foto an der Startlinie, dann bitte wieder zurück in die hinteren Reihen. Jetzt galt es, konzentriert zu bleiben. Nur nicht zu hart losfahren. Und schon wurden meine Gedanken wieder unterbrochen: Eine junge Frau sang die US-amerikanische Nationalhymne – mit viel Enthusiasmus, aber leider mit schlechter Tonqualität. Trotzdem hoffte

ich, dass Uwe seine Filmkamera eingeschaltet hatte, denn dieser Moment war sehr bewegend – und so war es ja auch wohl gedacht.

Dann ging es endlich los. Es gab viel Applaus, leider fast nur von den Betreuern und von den Teamfahrern, die sich erst am folgenden Mittwoch um 14:00 Uhr, also über drei Tage später, an unsere Verfolgung machen würden. Ansonsten schien das RAAM auch in Oceanside nur den einen oder anderen zufällig anwesenden Touristen für einen Moment zu interessieren.

»Jetzt nur keinen Unfall riskieren, nur nicht die Kontrolle verlieren! Hoffentlich hält mein Knie! Wird mein Darm wieder zur Ruhe kommen, ohne das Rennen zu gefährden?«, das waren die Gedanken, die mir auf der Parade bis zum eigentlichen Start durch den Kopf gingen. Vor mir sah ich Benny Furrer. Ich klopfte ihm auf die Schulter und wünschte viel Glück. Ich gratulierte ihm zu seinem Sieg beim RAAM-Qualifikationsrennen 2005 in Wiedlisbach. Viel sprach er nicht. Er merkte nur an, dass die 720 km von Wiedlisbach im Vergleich zum RAAM ein Spaziergang waren.

Nun wurde meine Startnummer aufgerufen: 136. Ich fuhr über die alte Brücke, links ab und begann mein Race Across America. Die Nummer 135 sah ich hinter der nächsten Kurve verschwinden, Gelassenheit war angesagt. Ich war froh, mich mit dem SRM-Computer über meine Leistungsdaten kontrollieren zu können. Wäre ich jetzt nur nach Pulswerten gefahren, hätte ich wohl anhalten müssen. Die

Der Start in Oceanside, Kalifornien, von wo aus wir in gemeinsamer Parade zum eigentlichen Startplatz ins heiße Inland fahren.

waren nämlich viel zu hoch! Ein Puls von 140 Schlägen pro Minute bei Rückenwind und bergab konnte doch nur auf Nervosität zurückzuführen sein, dachte ich zunächst. Das sollte sich bald geben, so war es aller Erfahrung nach. Meine Vorgaben waren simpel: bergab entweder nicht treten oder nur leichtes Spinning, um locker zu bleiben, 140–160 Watt auf ebener Strecke, bergauf maximal 200–240 Watt – also auf keinen Fall mit Druck fahren.

Ich hatte diese Gedanken kaum rezitiert, da wurde ich mit einem enormen Tempo von Jure Robic überholt: beeindruckend. So nach und nach passierten mich die meisten anderen Fahrer, die nach mir gestartet waren. Aber ich hielt strikt an meinem ersten Mantra fest: »Bleib gelassen. Lassen und wieder lassen.«

Meinem rechten Knie ging es zwar nicht gut, da ich es spürte – und das sollte ja nicht sein –, aber es wurde auch nicht schlimmer. Ich hatte keine richtigen Schmerzen, nur etwas Druck unterhalb der rechten Kniescheibe. Ich würde mit Annette reden, sobald ich das Pace-Car-Team treffen sollte. Aber noch war ich völlig alleine unterwegs, die Rennleitung ließ hier keine Begleitfahrzeuge zu. Es war ein Einzelzeitfahren, und direkt nach dem offiziellen Start war das Fahrerfeld noch zu eng beieinander und sortierte sich noch – Überholmanöver mit Begleitfahrzeugen im Schlepptau wären zu gefährlich gewesen. Selbst ab Kilometer 30, wo ich mein Team endlich treffen sollte, durfte ich auf den nachfolgenden 80 km nur von wenigen, ausgewiesenen Punkten aus betreut werden.

Ich hatte meinen Rucksack dabei, darin führte ich einiges für Notfälle wie zum Beispiel eine Reifenpanne mit. Als ich mein Team endlich traf, war ich vermutlich schon einer der Letzten im Fahrerfeld, von hinten kam niemand mehr. So ziemlich jeder hatte mich inzwischen überholt – aber Markus und Horst waren sehr zufrieden. Sie hatten lange die Befürchtung gehegt, dass ich mich nicht zurückhalten würde.

Durch die Mojave-Wüste nach Flagstaff

Jetzt kamen die langen Anstiege durch die Sierra Nevada, eine Bergkette, die sich entlang der nordamerikanischen Westküste zieht. Mehr als 2000 kumulierte Höhenmeter musste ich in vielen Aufs und Abs überwinden, bis endlich der etwas über 1000 Meter hoch gelegene Pass erreicht war. Leider war auch mein Puls ständig in außergewöhnlichen Höhen. Nicht die Anspannung, die sich so langsam hätte verflüchtigen müssen, sondern der Darminfekt, den ich den schlechten Burritos zu verdanken hatte, musste dafür verantwortlich sein. Dessen war ich mir inzwischen sicher. Obwohl ich in den ersten sechs Stunden nur etwa 150 Watt Leistung durchschnittlich erbrachte, lag mein Puls ständig bei über 140 pro Minute! Das waren über 30 Schläge pro Minute mehr, als ich aufgrund aller meiner bis-

herigen Trainings- und Wettkampfdaten erwarten konnte. Zum Teil lag dies wohl auch an der Hitze, die mit inzwischen etwa 40 °C im Schatten – den es nicht gab – sehr hoch war.

Schwitzen tat ich dabei nicht, fiel mir auf – ich erschrak! Ich hatte plötzlich die Befürchtung, an einem Hitzestau zu leiden. Mir fiel ein, dass der Doc mich gewarnt hatte: Die Sonnencreme mit Faktor 50 könne meine Poren verstopfen und dadurch das Schwitzen beeinträchtigen. Das könnte wiederum zu einem Wärmestau führen und wäre eine Erklärung für meinen hohen Puls. Panik machte sich breit. Ich untersuchte meine Haut. Als ich aber bemerkte, dass ich auch an den Stellen nicht schwitzte, wo keine Sonnencreme aufgetragen war, wurde ich ruhiger. »Klar«, dachte ich, »wegen der enormen Trockenheit verdunstet der Schweiß, bevor sich die verräterischen Schweißtropfen überhaupt formen können. Und das trotz der Hitze!«

Auch über die Atmung gehen bei Hitze und Trockenheit sehr große Mengen Feuchtigkeit verloren. Ich spürte schon bald, wie meine Nasenschleimhäute austrockneten. Jetzt kam mir meine Sauna-Erfahrung zugute: einfach im Zwei-Minuten-Takt trinken. Auch galt es, nur eine Belastung zu fahren, bei der mein Puls einigermaßen stabil blieb. Allerdings musste ich akzeptieren, dass er höher sein würde als unter normalen Umständen. Nach wie vor machte ich auch den Darminfekt für den erhöhten Puls verantwortlich. Immer wieder musste ich in die Büsche.

Am Ende einer sehr langen Abfahrt hinab nach Borrego Springs ging es hinein in den Glutofen der Mojave-Wüste. Ich wechselte auf das zweite Addict mit dem Triathlonlenker. Entspannt in etwas aerodynamischerer Position rollte ich nun auf leicht welligem Kurs in Richtung Brawley, wo das Wohnmobil auf mich wartete. Die Wattwerte waren in Ordnung, das Tempo akzeptabel – trinken und wieder trinken war angesagt. Gedanken an die vielen Stunden in der Sauna waren eine große Hilfe!

Die Sonne verschwand recht zügig am Horizont – ein Zeichen dafür, dass wir uns weit im Süden aufhielten. Ich hoffte auf eine kühle Nacht, die ich nach Plan durchfahren wollte. Nur der Puls war noch zu hoch, und mein Darm machte sich immer wieder bemerkbar. Aber der Magen war in Ordnung, ich konnte daher die Mengen trinken, die nötig waren, um eine Dehydrierung zu vermeiden. Ich wollte es ohne Infusion schaffen, und daran durfte auch der Darminfekt nichts ändern.

Wir rollten nach insgesamt 229 Rennkilometern auf Brawley zu. Nach Lake Henshaw, was noch mitten in der Sierra Nevada lag, war dies die zweite Kontrollstation, bei der wir unsere Ankunft dem RAAM-Hauptquartier melden mussten. Es war schon spät, Mitternacht, aber die Temperatur lag immer noch um die 30 °C. Obwohl der Start der Parade um 12:00 Uhr mittags stattfand, hatte man sich sehr viel Zeit für die knapp 21 km bis zum offiziellen Start des Rennens gelassen. Dazu kam, dass ich insgesamt sehr langsam unterwegs war.

Aber das musste ich wohl akzeptieren. Ich freute mich auf Brawley, denn dort wartete mit unserem Wohnmobil eine erfrischende Dusche auf mich. Auch ein erster Kleiderwechsel stand an, bevor wir dann in der Nacht die Mojave-Wüste durchqueren wollten. Nachtfahrten gehören zu den emotional beeindruckendsten Schilderungen der RAAM-Veteranen. Ich war daher gespannt, ob sich diese Erzählungen auch für mich bewahrheiten würden.

Ich hatte mal wieder Druck. Brawley war erreicht, und ich brauchte dringend eine Toilette. Nur das rettende Wohnmobil war nicht zu entdecken. Es würde in der Nähe der zweiten Zeitkontrolle neben einer Tankstelle auf uns warten, so die Nachricht, die wir über Funk bekamen. An der ersten Tankstelle, die sich leider als die falsche herausstellte, hätte ich fast dem Druck nachgegeben und mich an den Straßenrand gesetzt. Dann, endlich, nach ein paar weiteren Kilometern durch das nichtssagende Städtchen, stand die Wohnmobilbesatzung, eine deutsche Fahne schwenkend, an einer großen Kreuzung.

Vier Ampeln, vier Fußgängerüberwege – und wir hatten Rot. Links parkte meine Toilette. Nur die Ampel schien mich zu ignorieren. Ich signalisierte unserem Doc, die Fußgängerampel zu drücken. Die ignorierte uns nicht, schaltete sofort auf Grün. Super! Postwendend fuhr ich links ab und über den grün geschalteten Fußgängerstreifen zum Wohnmobil. Gerettet! Kaum hatte ich mich meines Rennrads entledigt, sprang ich ins Wohnmobil und

Aerodynamik in einigermaßen entspannter Haltung, ein notwendiger Kompromiss für die Langstrecke.

riss die Tür zum Klosett auf – Eile war geboten! Aber genauso heftig schloss sie sich wieder vor meiner Nase – und ich war noch draußen. Ich schaute einem aufs Heftigste erzürnten Markus ins Gesicht, so hatte ich ihn noch nie erlebt: Mein Manöver hätte uns eine Zeitstrafe eingebracht! Ich zuckte nur mit den Schultern, öffnete die Tür ein zweites Mal und ging einer wichtigeren Angelegenheit nach.

Ich versuchte die Sache zu verstehen und zu verarbeiten. Ich hatte nichts gemacht, was eine Gefahr für mich oder andere dargestellt hätte. Weshalb also die Zeitstrafe? Die Erklärung war dann auch kaum nachzuvollziehen: Ich hätte, als ich auf dem Fußgängerweg die Straße überquerte, den Lichtkegel meines Teamfahrzeugs verlassen – und das sei regelwidrig.

Geduscht, frisch eingecremt und bekleidet, hatte ich den Rest der Nacht, um über den Sinn und Unsinn dieses Reglements zu sinnieren. Ich sah ja ein, dass Verstöße, die andere Rennfahrer benachteiligen, geahndet werden müssen. Auch Missachtung von Verkehrsregeln oder Erregung öffentlichen Ärgernisses wie freies Urinieren an ungeschützten Plätzen oder Lärm in den Indianerreservaten sind nicht zu akzeptieren und sollten geahndet werden. Die Rennleitung fürchtete vor allem, dass das RAAM als jährliches Ereignis Schaden nehmen könnte und bestimmte Staaten die Durchfahrt verbieten würden. Aber weshalb die Nutzung eines Zebrastreifens bei grüner Fußgängerampel mit einer Zeitstrafe versehen wurde, konnte ich nicht fassen. Insbesondere nicht, wenn man die harte Konsequenz bedenkt, die das Überschreiten von fünf Zeitstrafen nach sich zieht: Die sechste wäre die Disqualifikation.

Was die – in meinen Augen auch übertriebene – Reaktion von Markus zumindest zum Teil erklärte, war, dass mir das Team schon eine weitere Zeitstrafe eingefahren hatte. Das wurde mir aber erst später mitgeteilt. Ein Umstand, der mich noch lange ärgern sollte. Es war aber nicht die Zeitstrafe – denn was sind schon 30 Minuten? –, sondern der Fakt, dass die Information vor mir zurückgehalten wurde. Wir hatten vor dem Start vereinbart, dass es zwischen dem Team und mir keine Geheimnisse geben dürfe. Ich sollte jedes aufkeimende Wehwehchen sofort melden, um prophylaktische Maßnahmen rechtzeitig einzuleiten. Umgekehrt sollte ich über alles Wichtige informiert werden. Bis zum Start hatte ich vieles selbst organisiert. Und da meine Strategie mir erlauben sollte, immer wach und bei Sinnen zu sein, erwartete ich auch, bei allen wichtigen Entscheidungen das letzte Wort zu haben: Denn keiner konnte sich besser in mich hineinfühlen als ich selbst.

Mein Vertrauen hatte ab dem dritten Tag, als ich dann endlich von dem kleinen Fehler erfuhr, einen Knacks. Die Crew wollte mich nicht beunruhigen, war die Erklärung. Aber ich war mir von da an ständig unsicher, ob mir nicht auch andere Dinge vorenthalten würden, die für meine Planungen und Gedankenvorgänge wichtig sein könnten. Besser wäre es dann wohl gewesen, davon erst am Ende des Rennens zu erfahren – das wäre konsequent gewesen. So fühlten sich alle schlecht. Aber auch hier half mir mein Mantra: »Lassen!«.

Auch diese andere Zeitstrafe hatte meines Erachtens keinen nachvollziehbaren Sinn: Unser Teamfahrzeug war bald nach dem Start, als ich noch alleine unterwegs war, anderen vermeintlichen Teamwagen in eine Straße gefolgt, die nur für Medienfahrzeuge zugelassen war. Das Team kehrte zwar auch gleich wieder um, aber es war schon zu spät. Einer der »Race Officials«, das waren die offiziellen Kontrolleure und Rennbeobachter – derselbe, der mich später auf dem Zebrastreifen sah –, nutzte die Chance, uns schon wenige Minuten nach dem Start eine erste Zeitstrafe anzuhängen.

Nun hatten wir schon zwei Zeitstrafen, und es waren gerade einmal zwölf Stunden vergangen. Eine kurze Hochrechnung der Teamleitung ergab, dass, wenn das in diesem Takt weitergehen würde, wir am übernächsten Tag um die gleiche Zeit nach Hause fliegen könnten. Von diesem Zeitpunkt an waren alle Fahrer im Team wieder bei ihrer Führerscheinprüfung – nur sollte diese über die nächsten zehn Tage ununterbrochen andauern. Für Spannung im Team war gesorgt! Das erklärte im Nachhinein auch, weshalb ich ab jener Nacht in Brawley über den Lautsprecher des Pace-Cars auf jedes Stoppschild mehrfach hingewiesen wurde. Meine Reifen mussten zu einem kompletten Stopp kommen, sonst wäre wieder eine Zeitstrafe möglich gewesen. Dennoch ging mir das mächtig auf die Nerven. Ich hatte ja schließlich Augen im Kopf, und so viel Spannendes passierte nicht – da wäre ein selbst entdecktes Stoppschild schon ein Highlight gewesen!

Um etwa 3:00 Uhr morgens fuhren wir durch die Imperial Sand Dunes, ein Erholungsgebiet, das dem Klischee einer sandigen Wüstenlandschaft alle Ehre machte. Leider sahen wir davon nicht viel, in der wunderbar sternenklaren Nacht konnte man die Dünenlandschaft nur erahnen. In Miniatur war sie jedoch immer präsent und nicht ganz ungefährlich: Kleine, durch den Wind verursachte Verwerfungen aus Sand bemächtigten sich wie kleine Dünen immer wieder Teilen der Straße. Ich musste höllisch aufpassen, um hier nicht mit den Reifen im Sand stecken zu bleiben.

Der Druck im Unterbauch nahm zu, plötzlich musste es wieder sehr schnell gehen. Ich signalisierte der Crew, dass ich austreten müsse, hielt an und rannte in die sandige Wüste, aus dem Scheinwerferlicht des Autos. Ich hörte, wie die Tür des Pace-Cars sich öffnete, dann Schreie. Annette steckte mit einem Fuß unter dem rechten Hinterrad! Horst suchte den Rückwärtsgang: Jetzt nur nicht in die falsche Richtung fahren. Kaum war Annette befreit, konnten wir die aufgerissene Haut um ihren Knöchel sehen. Alle waren schockiert, nur Annette, sehr fokussiert, machte sich gleich auf die Suche nach Verbandsmaterial und versorgte sich selbst. Dabei beruhigte sie alle um sich herum – nichts war gebrochen, es konnte weitergehen: The Race Must Go On!

Als der Wagen noch nicht zu einem kompletten Halt gekommen war, hatte Annette schon die Tür geöffnet, um mir mit Papiertüchern auf meinem Marsch in die Wüste zu folgen. Dabei fiel sie über eine Thermoskanne und aus dem Wagen und rutschte mit einem Bein vor das noch rollende Hinterrad. Wäre der Wagen etwas weiter gerollt, wäre ihr Fuß sicher gebrochen gewesen. Das RAAM hätte schon hier vorbei sein können!

Wieder unterwegs, sah ich die Kausalkette vor meinem geistigen Auge, die mit meiner schlechten Flug- und Autobuchung begann, über einen noch schlechteren Burrito zu meinem dringenden Bedürfnis anzuhalten führte, um dann Annettes unglücklichen Ausstieg aus dem Auto zu bewirken. Nur mit Glück im Unglück konnten wir das Rennen fortsetzen. Hier zeigte sich, wie der Erfolg des gesamten Unternehmens immer an dem berüchtigten seidenen Faden hing – und mehr noch: wie sich kleine Fehler zu großen Problemen entwickeln können. Alles hat Konsequenzen, beim RAAM ist es nicht anders als im richtigen Leben!

Von diesem Zwischenfall an ging es zumindest mir besser. Bei 30 °C war auch für mich eine ideale Außentemperatur erreicht. Trotz hoher Pulswerte fuhr ich, wie mir der SRM-Computer anzeigte, bisher bei geringer muskulärer Belastung. Dies zahlte sich nun aus, das Treten machte mir nach wie vor keine große Mühe. Und jetzt tauchten auch schon am Horizont die ersten »Motivatoren« auf, wie ich meine direkte Konkurrenz liebevoll nannte. Diese hatten auch, um ihre maximale Wirkung zu entfalten, »extra« rot blinkende Signal-

Die Rocky Mountains liegen hinter mir,
nun geht es rasant in die großen Ebenen
des Westens hinein.

lichter auf ihren Pace-Cars angebracht – hoch über der Straße, nur damit ich sie auch gut sehen konnte: Das alles legte ich mir bewusst so zurecht und kreierte so sehr motivierende Gedanken!

Eigentlich als Warnleuchten für andere Verkehrsteilnehmer gedacht, wurden die blinkenden Lichter der anderen Pace-Cars zu einer meiner wichtigsten Motivationshilfen. Daher war es anfänglich sehr schwer für mich, nicht unwillkürlich das Tempo zu erhöhen, sobald ein verräterisches rotes Blinken ein neues »Opfer« signalisierte. Meine Crew sah immer sofort die Gefahr, und über das Megafon auf dem Dach des Pace-Cars war auch gleich ein eindringliches »Lassen« zu vernehmen. Sie hatten sich mein erstes Mantra zu Eigen gemacht und natürlich Recht: »Nicht schneller werden! Du musst die nicht einholen, die kommen zu dir, du musst ihnen nur Zeit geben!«

Und tatsächlich mussten die Ersten ihrem wohl zu hohen Anfangstempo Tribut zollen. Eine ganze Lichterkette war gegen den dunklen Horizont auszumachen. In für mich »sinnvollen« Abständen war ein Rennteilnehmer nach dem anderen, wie an einer leuchtenden Perlenkette, motivierend aufgereiht. Damit hatte ich die ganze Nacht etwas zu tun – ausgezeichnet!

So überholte ich alle 20–30 Minuten, immer weniger meinen Körper spürend, einen nach dem anderen. Spürte ich meinen ersten Endorphin-Schub, vor dem Jörn Gersbeck uns gewarnt hatte? Meine Crew wurde sichtlich unruhig, denn ich fuhr ihr zu schnell: Immer häufiger kamen nun die Ermahnungen. Meine Beine bewegten sich ohne Anstrengung. Ich hatte das Gefühl, dass langsamer zu fahren mich mehr Kraft kosten würde – darauf hätte ich mich konzentrieren müssen. Einfach so dahinzurollen erschien mir wesentlich einfacher. Aber Horst und Markus hatten wieder einmal Recht, ich musste mit Verstand zu Werke gehen, die Gefühle im Zaum halten – Gersbeck hatte uns gewarnt, wie leicht man sich mit solchen Episoden übernehmen könne.

Wir passierten die dritte Kontrollstation im kalifornischen Blythe kurz nach 6:00 Uhr morgens. Und damit waren die ersten 370 km geschafft. Eine unverhoffte Pause wurde mir zuteil, in der ich aber trotzdem weiter vorankam. Ein Stück auf dem Seitenstreifen der I-10, auf dem ich nach Roadbook hätte weiterfahren sollen, war aufgrund von Bauarbeiten gesperrt. Da es keine gute Umfahrungsmöglichkeit gab, durften die Rennteilnehmer ausnahmsweise im Pace-Car transportiert werden. Wir scherzten dann auch gleich, als wir gemeinsam im Pace-Car Richtung Exit Quartize unterwegs waren, dass ich die gesparten 29 km an anderer Stelle noch zu fahren hätte, sonst würden wir am Ende nicht behaupten dürfen, ich hätte die USA komplett mit dem Rennrad durchquert.

Nachdem wir die Baustelle passiert hatten, ging es wieder mit dem Rennrad weiter auf der Interstate 10, einer der größeren Asphaltschlangen, die sich quer durch die USA ziehen und die wir als RAAM-Fahrer ausnahmsweise mit dem Rennrad befahren durften. Mit der Sonne kam allmählich auch die Hitze zurück. Wir befanden uns immer noch auf dem Seitenstreifen der Interstate 10, als sich endlich wieder ein »Motivator« zeigte. Leider durfte ich ihn nicht überholen, da laut RAAM-Regelwerk auf einem Highway niemals zwei Fahrer mit Begleitfahrzeugen nebeneinander fahren dürfen, und das würde während des Überholens für einen Moment passieren. Die Regel schreibt jedoch auch vor, dass in diesem Fall der langsamere Fahrer die nächstmögliche Ausfahrt benutzen muss, um durch das kurzeitige Verlassen der Autobahn dem schnelleren Fahrer das Passieren zu ermöglichen.

Das tat das betreffende Team aber nicht. Wieder einmal war mein erstes Mantra nötig, denn der Anstieg, der der nächstmöglichen, aber leider ignorierten Ausfahrt folgte, wurde nun nur noch im Kriech-

tempo erklommen – und ich musste in gebührendem Abstand hinterherfahren.

Als wir endlich die I-10 verlassen konnten, überholte ich den anderen Fahrer mit vollem Schwung, nur um ihm damit zu demonstrieren, dass er mich durch sein Verhalten sehr viel Zeit gekostet hatte. Das war ein emotional vielleicht verständliches, aber nicht sonderlich sinnvolles Manöver, schließlich kostete es mich nur zusätzliche Kraft.

Es ging auf Hope, auf Deutsch »Hoffnung«, zu, bald würden wir »Beyond Hope« sein, wie ich irgendwo im Rahmen meiner Vorbereitung in einem spaßigen Artikel gelesen hatte. Unsere Lage war zum Glück nicht »hoffnungslos«, wie man beyond hope übersetzen könnte.

Hope, in der Mitte von Nichts gelegen, beherbergte die vierte Zeitkontrolle bzw. eine Telefonzelle, von der aus man zu Zeiten, als es noch keine mobilen Telefone gab, die Rennleitung über seine Ankunft

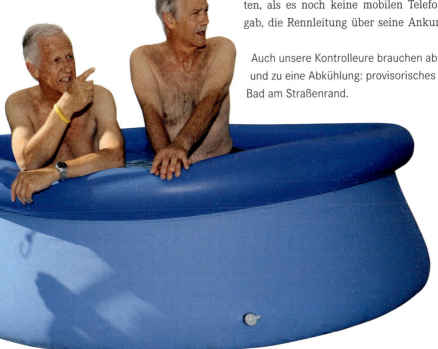

Auch unsere Kontrolleure brauchen ab und zu eine Abkühlung: provisorisches Bad am Straßenrand.

informierte. Es war kurz nach 9:00 Uhr morgens, 456 km waren geschafft, und ich fühlte mich zusehends besser. Und das war auch gut so, da laut Roadbook eine schwere mentale Prüfung bevorstand: eine komplette Marathondistanz als schier endlose Gerade ohne variierende visuelle Reize, und dabei über 40 °C und kein Schatten, lag direkt »beyond Hope«. Also »jenseits von Hope«, was als alternative deutsche Übersetzung einfach unsere kartografische Position beschrieb.

Ich freute mich auf diese Herausforderung, denn darauf hatte ich mich in den vielen und langen Stunden auf meinem Hometrainer vorbereitet: Was sind im Vergleich dazu schon anderthalb Stunden in der Wüste?

Ständig wurde ich nun mit Melonen und kalten Getränken versorgt. Es sollten die heißesten Tage des RAAM 2008 werden. Insgesamt nahm ich bis Flagstaff, unserem ersten »Etappenziel«, über 32 Liter Getränke zu mir. Das meiste davon, streng unserem Plan folgend, in Form von Powerbar Performance und Recovery Drinks. Wir experimentierten auch mit frisch gebrühtem, aber eisgekühlt serviertem Grünem Tee, in den ein Elektrolytgemisch eingerührt wurde. Dazu kamen über den ganzen Tag verteilt große Mengen an Früchten, meist Wassermelonen und Bananen. Ich konnte alles erstaunlich gut vertragen – und auch mein Darm fing an, sich zu beruhigen. Ich musste immer seltener in die Büsche.

Wir erreichten mit Congress in Arizona die fünfte Kontrollstation. Insgesamt

552 km waren geschafft, und ich bekam mein erstes Fußbad. Reporter schwirrten um mich herum, eine Kamera wurde mir ins Gesicht gehalten. »Wie geht es? Irgendwelche Schmerzen?« Danach wurde ich ständig gefragt. Es war offensichtlich, worauf die immer wiederkehrenden Fragen hinzielten: Der Mythos RAAM als grausamstes Radrennen der Welt musste bedient werden!

Ich würde ihnen diesen Gefallen nicht tun, zumindest nicht freiwillig! »Nein, mir geht es sehr gut. Fühle mich wie ein König, nein, ich bin ein König. Ein König für zehn Tage!« Wann steht man schon einmal so im Mittelpunkt? Ich musste jedoch einiges dafür leisten, dachte ich, nachdem die Reporter wieder abgezogen waren, aber es war jeden Schweißtropfen wert, auch wenn er in der trockenen Hitze sofort verdampfte.

Wir verließen Congress nach der routinemäßigen Dusche, einer leichten Massage und dem obligatorischen Kleiderwechsel. Wie immer fuhr ich in der extremen Hitze in einem weißen, langärmeligen Funktionsunterhemd von Diadora als Trikot. Damit hatte ich Sonnenschutz und optimierte Kühlung in einem. Es ging gleich steil bergauf, daher blieb mir der Fahrtwind versagt. Trotz der Hitze war es aber erträglich – ich hatte die Leistungsdaten und mittlerweile auch wieder meinen Puls unter Kontrolle. Nur meinen Darm noch nicht völlig. Dass mir der serpentinenhafte Anstieg keine Möglichkeit zum Austreten bot, machte die Sache nicht leichter. Dazu war ich noch unter Beobachtung

Auch das sind die USA: ein Schildermeer
und allgegenwärtige McDonald's-Restau-
rants.

durch eine Filmkamera, die von weit oben
am Berg meinen Aufstieg einfing. Nun
wurde es eng. Hinter einer Kurve, außer-
halb der Sicht des Objektivs, stieg ich vom
Rad und kletterte zwischen gigantischen
Felsen in eine kleine Nische – endlich hatte ich die ersehnte ungestörte Ruhe. Dies
war das letzte Zeichen meines Infektes,
von nun an sollte ich auch die passende
innere Ruhe haben!

Kurz vor dem zweiten längeren Anstieg
auf diesem Teilstück Richtung Prescott,
Arizona, der sechsten Kontrollstation,
überkam mich eine große Müdigkeit. Ich
war immerhin schon über 620 km unterwegs. Wir hielten an, und ich fiel in Se-
kunden auf dem Rücksitz des Pace-Cars in
einen tiefen Schlaf. Obwohl ich nach nur
fünfzehn Minuten wieder aufwachte, ging
es mir wieder richtig gut. Ryan Correy,
der junge Kanadier, überholte mich, und
somit hatte ich auch gleich eine Motiva-
tionshilfe. Leider währte diese nicht sonderlich lange, denn Correy war in einem
so schlechten Zustand, dass ich ihn schon

nach kurzer Zeit passieren konnte. So, wie
er aussah, gab ich ihm wenig Chancen,
das RAAM erfolgreich zu beenden.

In Prescott machten wir eine längere
Pause und verließen die Kontrollstation
bei Kilometer 643, gerade als Correy
die Station erreichte. Ich war ziemlich
erstaunt, dass er es geschafft hatte, vielleicht hatte ich ihm zu wenig zugetraut.
Noch knapp 130 km bis Flagstaff lagen vor
uns bis zu unserem ersten geplanten Mo-
telstopp. Es war kurz vor 7:00 Uhr abends,
also würden wir in die zweite Nacht in
Folge hineinfahren müssen, das war jetzt
schon sicher.

Auf dem Weg zur siebten Kontrollstation in Cottonwood, Arizona, waren nochmals etwa 600 Meter Anstieg zu überwinden. Die Straße windet sich durch eine
idyllische, aber recht steile Schlucht, den
Yaeger Canyon des Prescott-Nationalwal-
des. Die Sonne schien schon sehr flach
über die westliche Bergkette. Im Schatten
der alten Pinienwälder wurden die Temperaturen jetzt deutlich angenehmer. Obwohl wir uns mittlerweile auf etwa 2000
Meter Höhe befanden, gab es immer noch
einen dichten Baumbewuchs.

Hinter einer steilen Kurve tauchte Benny Furrer vor mir auf. Er fuhr im
Schritttempo. Mit nur einem Arm hatte
er offensichtliche Schwierigkeiten, sein
Rennrad bei dem geringen Tempo stabil
zu halten. Ich feuerte ihn beim Überholen
an, er grüßte zurück. Ich konnte sehen,
wie er beißen musste. Die volle Härte des
RAAM hatte ihn erreicht. Später erfuhr
ich von meinem Team, das ihm etwas zu

trinken reichen wollte, als er kurzfristig von seinem eigenen Team separiert war, dass er an den steilen Anstiegen nichts zu sich nehmen konnte, ohne vom Rad zu steigen. Insbesondere, wenn noch Seitenwind herrschte. Eigentlich logisch. Unlogisch für mich war jedoch, weshalb er sich keinen CamelBak auf den Rücken schnallte oder sich sonst eine Möglichkeit verschaffte, ohne Einsatz seiner einzigen Hand während der Fahrt Getränke aufnehmen zu können.

Steil ging es nach Erreichen der Passhöhe hinab durch den romantischen Haywood Canyon nach Jerome, einen der wenigen malerischen Orte, die wir zu Gesicht bekamen. Dort musste ich zunächst auf mein Pace-Car warten. Es hatte mir auf der schnellen Abfahrt nicht folgen können. Bald danach, weiter bergab, war mit Cottonwood bei Rennkilometer 700 die siebte und vorletzte Zeitstation für unsere erste lange Etappe erreicht. Es waren nur noch etwa 70 km bis Flagstaff. Die Route führte durch den Red Rock State Park, das Künstlerstädtchen Sedona und hinauf durch den Oak Creek Canyon, den wir, mittlerweile bei völliger Dunkelheit, über unzählige Serpentinen erklommen. Auf nunmehr über 2100 Meter Höhe wurde es kalt und damit sehr unangenehm – ich freute mich auf mein erstes heißes Bad und die erste längere Pause.

Wir erreichten unser Quartier nur wenige Stunden hinter der Planvorgabe, und dies trotz meiner sehr vielen aus der Not geborenen Stopps. Während ich in der Badewanne lag, um mich aufzuwärmen und

zu regenerieren, besprachen Horst und Markus mit mir, wie lange wir nun Pause machen sollten. Wir waren uns einig, dass wir nicht eisern am Plan festhalten sollten, um meiner Erholung genügend Zeit zu geben. Auch das gesamte Team war reichlich übermüdet. Wir vereinbarten sechs Stunden Pause bis zur Weiterfahrt. Nach dem Bad folgten eine kurze Dusche, vorbeugendes Eincremen der empfindlichen Körperteile, dann eine lockere Massage durch Annette. Währenddessen besprach ich mit Sabine die Wohnmobil-Logistik, die leider überhaupt nicht funktionierte. Sabine war ziemlich frustriert.

Da wir nie zur Ruhe kamen, scheiterten alle idealistischen Vorstellungen, wir würden bei meinen geplanten Stopps, mittags und nachts, ein gemeinsames Essen mit dem ganzen Team veranstalten. Ruhe war eine Illusion. Da war das Einkaufen und Kochen, gefolgt vom sporadischen Wärmen der Speisen für Einzelne im Team, die gerade mal Zeit hatten. Dazu kam die tägliche und meist sehr aufwendige Zubereitung meiner frisch gepressten Obst- und Gemüsesäfte, die im Wohnmobil wegen des hohen Strombedarfs nur bei laufendem Motor machbar war. Erschwerend waren auch die wenigen Schlafoptionen, die das Wohnmobil bot, da wir aus Mangel an Stauraum einige Schlafplätze umfunktionieren mussten. Laut Katalog bot es bis zu acht Schlafplätze, drei bis vier waren realistisch: Kaum einer hatte in den letzten vierzig Stunden geschlafen.

Wir waren uns beide einig, dass es so nicht weitergehen konnte. Wir entschieden daher, entgegen dem ursprünglichen Plan, für alle Crew-Mitglieder in den folgenden Nächten ein Motelzimmer zu organisieren. Damit mussten wir zwar tiefer in die Reisekasse greifen, aber alles andere hätte das Rennen gefährdet: Das Team durfte nicht müder sein als ich. Paul sollte als Computer- und Internetexperte die Motels lokalisieren und mit Sabine die Reservierungen vornehmen. Im Gegenzug sollten nur noch Sandwiches und Obst für das Team bereitgestellt werden. Es konnte keine aufwendigen Kochaktionen mehr geben. Als letzte Aktion vor dem Einschlafen riefen wir das gesamte Team zusammen, erklärten den geänderten Plan und bekamen sofort breite Zustimmung. Die Aussicht auf die Annehmlichkeiten eines abendlichen Hotelbetts mit Dusche und Privatsphäre, angeboten zu einem Zeitpunkt maximaler Übermüdung, bedurfte keiner besonderen Überredungskunst!

Durchs Monument Valley nach Cortez

Ich schlief etwa dreieinhalb Stunden und wachte auf, ohne dass ich geweckt werden musste, und war – allerdings wenig überraschend – nur etwas steif in der Oberschenkelmuskulatur. Ich war mir sicher, dass sich meine Oberschenkel bald lockern würden, sobald sie wieder warm gefahren sein würden. Leider dauerte dies etwas länger als erwartet, denn bei klarer Nacht in fast 2200 Meter Höhe war die Außentemperatur auf gerade einmal 6 °C abgefallen. Meine Betreuer packten mich ein wie im Winter. Beide Teamleiter sind selbst Radsportler und konnten aus eige-

Frühstücksbesprechung: Markus und ich planen die Mittagspause, bei der wir wieder das Wohnmobil brauchen werden. Doc Michael wartet auf meine Blutabnahme.

ner Erfahrung stets die optimale Bekleidung für mich auswählen.

Vor der Abfahrt gab es im Wohnmobil, welches auf dem Parkplatz des Motels geparkt war, Sabines French Toasts. Sie sollten zum täglichen kulinarischen Highlight des RAAM werden! Jeden Morgen freute ich mich auf die gemütliche Runde mit meinem Begleitteam bei duftenden French Toasts mit frischem Kaffee. Unser Doc nutzte meist auch die Gelegenheit, um die obligatorischen Blutproben, unter Aufsicht wechselnder Teammitglieder oder vor laufender Kamera, abzunehmen; so auch in Flagstaff. Insgesamt waren entsprechend unserem Anti-Doping-Konzept sieben Blutabnahmen während des Rennens vorgesehen; auch Urinproben wurden vom Doc gleich mit eingesammelt und eingefroren.

Horst und Markus planten beim morgendlichen Kaffee die Mittagspause und besprachen mit mir die visuellen Höhepunkte und sportlichen Herausforderun-

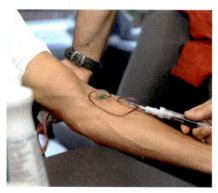

Genau das Gegenteil von Eigenblutdoping: Hier wird Blut abgenommen!

gen des anstehenden Tages. Fast eine Stunde sollten wir so jeden Morgen »opfern«. Aber auch wenn man nicht schläft, so meine Überzeugung, nützte jegliche Zeit der Ruhe der physischen und auch der mentalen Regeneration.

Sehr gemächlich ging es durchs erwachende Flagstaff. Soeben hatte ich 770 km hinter mich gebracht, ein paar Stunden pausiert, und nun standen 450 km auf dem Tagesprogramm. Das würde eine neue Erfahrung für mich werden! Die achte Kontrollstation lag im östlichen Teil von Flagstaff, an der Stadtgrenze Richtung Tuba City, Arizona. Aufgrund dieser Lage am anderen Ende hatten wir trotz Erreichens von Flagstaff am Vorabend darauf verzichtet, die Kontrollstation anzufahren. Das war nun unsere erste Pflicht nach kurzer gedankenverlorener Fahrt. Viel war dort nicht los. Wir erfuhren, dass Benny Furrer vor über vier Stunden ziemlich erschöpft angekommen war, aber sich schon bald wieder auf die Weiterfahrt gemacht hatte. Er wäre wohl einige Stunden vor uns.

Das war interessant, ich war gespannt, wann wir ihn zu Gesicht bekommen würden. Ich fühlte mich gut. Selbst meine Beine konnten wieder mit höherer Frequenz treten. Mein rechtes Knie spürte ich etwas, ein wenig Druck hinter der Kniescheibe – aber alles in allem konnte ich zufrieden sein. Es wurde nun auch wieder wärmer, da wir uns nach langer Talfahrt in nur noch etwa 1300 Meter Höhe befanden. So konnte ich Stück für Stück die Winterkleidung wieder ablegen.

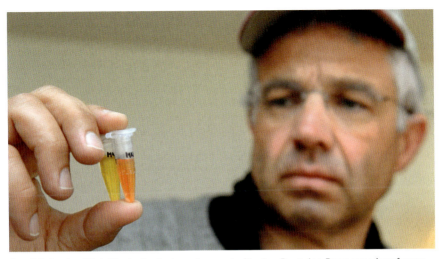

Doc Michael prüft kritisch die Proben, bevor sie für den Rest des Rennens eingefroren werden müssen.

Nach etwa 120 km erreichten wir Tuba City. Kurz vor der neunten Kontrollstation war Benny Furrer an einem kurzen giftigen Anstieg vor mir aufgetaucht. Fröhliches Winken von seiner sehr kameradschaftlichen Begleitmannschaft aus dem Pace-Car, die ich zuerst überholen musste. Dann fuhr ich zu Benny vor. Er wirkte müde. Ich versuchte ihn aufzumuntern und gab ihm zu verstehen, dass nicht die Fahrer an der Spitze, sondern er für mich der Held des RAAM sei. Da er sah, wie ich recht frisch neben ihm herfuhr, sagte er: »Michael, du bist ein Tier!« Dieser Satz war nicht nur motivierend an diesem Morgen, er sollte mich von nun an täglich begleiten. Gerade einmal vor drei Jahren war ich in Wiedlisbach völlig chancenlos gegen Benny gewesen. ›Übernehme ich mich vielleicht?‹, fragte ich mich. Aber alle meine Leistungswerte laut SRM-Computer waren im Normbereich.

Ich nahm mein Tempo wieder auf und fuhr zur Kontrollstation vor. Als ich von einer kurzen Toilettenpause wieder zurückkehrte – mein Team hatte wie immer den nötigen Anruf beim Hauptquartier erledigt –, sah ich Benny ankommen und ohne zu stoppen die Kontrollstation passieren. Das war erlaubt. Aber ich war eigentlich immer froh, mal kurz vom Rad steigen zu dürfen. Die Kontrollstationen waren meine mentalen Zwischenziele: Wenn ich eines erreicht hatte, war das Absteigen die verdiente und notwendige Belohnung.

Wir befanden uns ab jetzt im Siedlungsgebiet der Navajo-Indianer. Musik über Lautsprecher würde hier als respektloses Verhalten mit einer Zeitstrafe geahndet werden. Ich genoss die Ruhe. So weigerte ich mich auch von Anfang an, ein Funkgerät inklusive Knopf im Ohr zu tragen. Ständige Berieselung oder Kommunikation mit dem Team hätte mich in meiner Konzentration gestört. Insbesondere die monotonen Streckenabschnitte, und ein solcher folgte nun, erfordern paradoxerweise ein Höchstmaß an Aufmerksamkeit. Wenn die Strecke einem fahrtechnisch nichts abverlangt, ist die Gefahr am größten, dass man sich den Hintern aufscheuert oder sich muskuläre Verspannungen einfängt. Alle paar Minuten den Gang hochzuschalten, in den Wiegetritt zu gehen und auch regelmäßig zu trinken und zu essen war jetzt angesagt – das erforderte viel Konzentration.

So rollte ich dahin, auf elend schlechten Straßen, die mir alle meine Kontaktstellen mit dem Rad ständig ins Bewusstsein riefen. Wir fuhren in Richtung Kayenta, Arizona, wo dann das ersehnte Monument Valley auf uns wartete. Doch zuvor hatte ich ein Problem zu lösen: Wie setzt man sich in geheiligtem Land mit Pietät hinter einen Baum, wenn es keinen gibt? Es gab in der Geschichte des RAAM schon Verhaftungen wegen Erregung öffentlichen Ärgernisses. Hier durfte man noch nicht einmal Musik laut spielen, wie sollte ich mein Geschäft erledigen? Da es absolut keine abseits gelegene Stelle gab, ließ sich Markus herab, mit einer Decke eine Art spanische Wand zwischen mir und der Straße zu errichten. Das schuf etwas Privatsphäre, aber auch nur etwas. Doch außergewöhnliche Situationen erfordern außergewöhnliche Maßnahmen!

Wir erreichten die zehnte Kontrollstation in Kayenta. Der mittlerweile heftige Westwind trieb mich mit enormer Wucht Richtung Monument Valley. Es kursierten Warnungen vor einem aufkommenden Unwetter. Wir entschieden uns, nicht lange zu pausieren und baldmöglichst weiterzufahren. Ich wollte auch den guten Wind nicht ungenutzt lassen. Wir passierten nach wenigen Kilometern die Staatsgrenze nach Utah, und nun ging es – für Sightseeing leider fast zu rasant – durchs gigantische Monument Valley. Gerne hätte ich die atemberaubende Landschaft etwas länger genossen. Uwe war jetzt ständig mit dem Media-Car in meiner Nähe. Die Landschaft musste für einen Fotografen ein Paradies sein – einfach überwältigend.

Nächstes Ziel war Mexican Hat. Ein kleines Dorf, benannt nach einer der auffallenden roten Steinformationen, die von weitem dem Aussehen eines mexikanischen Hutes sehr nahe kommt. Hier befand sich die elfte Zeitstation bei Rennkilometer 1082, und damit hatten wir die ersten 1000 km hinter uns! Es war Zeit für die Mittagspause, und die Routine rund ums Wohnmobil, unsere wortwörtliche Oase in der Wüste, nahm ihren Lauf: duschen, schlafen, essen – wobei ich Letzteres in freier Natur genoss. Die beiden österreichischen Race Officials, die sich zu uns setzten, waren von unserem entspannten Verhalten beeindruckt. Umso mehr, als ich ihnen erklärte, dass das RAAM mein bester Aktivurlaub werden würde: Viel Sport, super Ernährung bei Rundumbetreuung, sozusagen ein »all-inclusive«

Paket, und dazu noch die atemberaubende Landschaft – was könne man schon mehr verlangen!

Ich musste die Officials und die Presse einfach etwas schockieren, das kam von ganz tief innen. Vielleicht hatte ich einfach nur diese ständige Beschreibung der Schmerzen und Leiden satt, wie sie in den Büchern und den vielen Erzählungen in einer Art Selbstgeißelung zelebriert werden: »Trotz tagelangem Leiden habe ich es am Ende geschafft!« Die Officials und insbesondere die Presse warten wie die Geier auf leidende Kreaturen. Der Mythos RAAM musste bedient werden. Selbst Uwe, der als Mitglied meines Teams sicher nur mein Bestes wollte, hatte Hoffnung auf tolle Bilder des Leidens für seinen geplanten Bericht beim »TOUR«-Magazin – es gehörte irgendwie dazu, wurde erwartet! Doch ich wollte Spaß haben, das krasse

Gegenteil all dessen. Ich hatte mir vorgenommen, an diesem Ziel festzuhalten und nicht ein Weiterer zu werden, der dem Mythos des qualvollsten Wettkampfes auf diesem Planeten als Nahrung dient.

Bei »nur noch« 35 °C im Schatten waren die vielen kurzen, aber steilen Anstiege in einer grandiosen Canyon-Landschaft einigermaßen erträglich. Ziel der zweiten Etappe war Cortez, mit Kontrollstation dreizehn, bei Rennkilometer 1230 gelegen. Damit lagen noch knapp 150 km in bergigem Gelände bis zum Motel vor uns. In Montezuma Creek saß, mit seinen Füßen ins Eisbad getaucht, der Schweizer Martin Jakob. Er war bisher fast pausenlos gefahren und nutzte nun den Schatten der verlassenen zwölften Kontrollstation. Wir machten nur kurz Halt und erreichten nach etwa zehn Kilometern den finalen Anstieg nach Cortez.

Die Vorhut: Sabine, Horst, Paul und Hermann haben unser Nachtlager vorbereitet und warten auf meine Ankunft.

Auf fast 3000 m Höhe in den Rocky Mountains wird es empfindlich kalt.

Erinnerungen wurden wach. Hier war ich schon einmal vor etwa siebzehn Jahren mit Sabine und ihrer Schwester Annette in umgekehrter Richtung unterwegs. Ohne es zu wissen, war mein Leben durch dieses Vergessen zumindest um diese verlorene Erinnerung kürzer gewesen. Nun kamen die ganzen Wochen wieder in mein Gedächtnis zurück; es war, wie wenn ich in einem alten Fotoalbum blättern würde.

Nach einem kurzen Stopp, bei dem ich das Gebüsch aufsuchte, sahen wir Martin Jakob zu uns auffahren. Ich wartete auf ihn, und wir fuhren ein Stück gemeinsam. Um exakt zu sein, genau 15 Minuten. Denn sein Schweizer Begleitteam hatte, vermutlich mit einer Präzisionsuhr aus eigenem Lande, die festgelegte Zeit gestoppt: 15 Minuten, so erlaubte es das Reglement. »Time Over! Jeder wieder für sich!« Im Nachhinein wundert es mich nicht, dass dieses Schweizer Team ohne Zeitstrafen durchkommen sollte. Die hatten sicherlich alle Regeln komplett verinnerlicht und gingen kein Risiko ein. Ich hätte mich gerne noch länger mit Martin unterhalten.

Nun war die Frage offen, wer hinter wem in gebührendem Abstand fahren sollte. Martin ließ mich vor, und ich erhöhte das Tempo. Mit vielen Aufs und Abs ging es hinauf nach Cortez. Es war ein sehr anstrengender Abschnitt, da in der Dunkelheit Orientierungspunkte fehlten, um die Strecke in kleine Zwischenziele unterteilen zu können. Aber in Cortez wartete ein Bad auf mich – Motivation genug, um durchzuhalten. In Cortez angekommen, ging wieder die gewohnte Prozedur

vonstatten. Schon beim zweiten Mal Übernachten bekam ich ein Gefühl von Routine, das war sehr beruhigend. Wir änderten nur eines, darauf hatten wir uns tagsüber verständigt, es sollte keine langen Gespräche mehr mit mir geben. Die Nachtpause sollte bestmöglich zum Schlafen genutzt werden. Mein Sitzfleisch war etwas gerötet, aber nach viereinhalb Stunden Tiefschlaf, in der meine Nachtcreme wirken durfte, war alles wieder wie neu. Ich musste zum ersten Mal geweckt werden – ich hätte in der guten Luft der Rocky Mountains wohl noch ewig weiterschlafen können.

Über die höchsten Pässe der Rocky Mountains nach Taos in New Mexico

Wir waren inzwischen 1230 Rennkilometer gefahren und hatten uns für diesen neuen Tag, falls wir Taos in New Mexico erreichten sollten, 430 km vorgenommen. Da mehrere hohe Pässe auf uns warteten, waren wir uns beim Frühstück einig, dass wir das Tagesziel flexibel gestalten wollten. Keiner wusste so recht, wie mir die langen Anstiege auf über 3000 Meter Höhe bekommen würden. Ich genoss die French Toasts, und wir machten uns gleich nach dem Aufsatteln an den ersten kleineren Pass.

Über fünf bis sechs Kilometer ging es in angenehmer Bergluft nach oben. Ich fühlte mich gut und fast völlig erholt. Zu meiner Überraschung war auch Benny Furrer mit diesem Anstieg beschäftigt. Es musste wohl wieder fast ohne Pause durchgefahren sein, aber ich hatte ihn nun schon deutlich früher als noch tags zuvor im

Visier. Er war auch um einiges langsamer unterwegs als zuletzt. Ich grüßte ihn kurz, wollte aber meinen Schwung jetzt nicht abbremsen. Ich war auch etwas sprechfaul. Es war ja noch nicht allzu lange her, seit ich aus dem Bett gestiegen war.

Bald darauf wurde ich dann doch noch in ein Gespräch verwickelt. Danny Chew und Allen Larsen, zwei ehemalige RAAM-Sieger, gaben mir die Ehre eines Interviews. Mein SRM-Computer zeigte 230 Watt, alles in Ordnung. Ich hatte gerade erst Benny Furrer hinter mir gelassen und befand mich immer noch auf dem ersten Anstieg, der auf einer Passhöhe von etwa 2100 Metern enden sollte. Wie es mir gehe, wie viel ich schlafen und pausieren würde, waren ihre ersten Fragen. Beide waren überrascht von meiner Strategie, mich durch lange Pausen immer wieder – soweit dies möglich war – zu erholen, um dann das Feld von hinten aufzurollen. 260 Watt, wurden die im Auto schneller oder konnte ich es nicht »lassen«? Ob ich nicht in den Wettkampf eingreifen wolle? Ich erklärte ihnen, dass ich erst ab dem Mississippi hören wolle, wo die anderen seien, bis dahin würde ich nur mein eigenes Rennen fahren: Finishen sei mein primäres Ziel.

285 Watt – viel zu hoch, es lag ja noch ein langer Tag vor mir. Ob ich von Gulewicz gehört hätte? Ja, hatte ich. Er war auch ein Thema beim Frühstück gewesen, Paul hatte sich die Bilder von Gulewicz im Internet angeschaut, nachdem uns die beiden Österreicher tags zuvor bei Mexican Hat kurz von dessen Unfall berichtet

hatten: Er hatte sich nicht die Zeit genommen, vor der Abfahrt von einem der Pässe vom Rad zu steigen, um sich die Windjacke anzuziehen. Die beiden Österreicher hatten erzählt, dass Gulewicz auf der Jagd nach Robic vermutlich keine Zeit verlieren wollte. Bei heftigem Wind, sicherlich gepaart mit heftigem Schlafmangel, hatte sich seine Windjacke, die er auf einer Passhöhe schon teilweise übergestreift hatte, ins laufende Rad gewickelt und ihn wohl förmlich auf den Boden gerissen, sein Gesicht vorneweg.

Was ich dazu zu sagen habe? Die Frage erreichte mich bei 310 Watt. »Jetzt nur nicht die Anstrengung anmerken lassen«, dachte ich. Den Gefallen würde ich der Kamera nicht tun. Überhaupt würde ich immer brav in die Kameras lächeln, das beschloss ich genau in diesem Augenblick, Mythos RAAM hin oder her. Was sollte ich dazu sagen? Dass er mir Leid tue und dann noch das Offensichtliche: »Nur wer heil bleibt, kann das Rennen bestehen, genügend Schlaf und keine gefährlichen Manöver, dann hat man eine Chance.« Wie gesagt, eigentlich offensichtlich. Ob ich irgendwelche Probleme hätte? Immer noch über 300 Watt – nein, ich habe riesigen Spaß. Das war es dann auch, sie zogen ab, und ich konnte endlich wieder auf 230 Watt runter. Ich hoffte, dafür nicht büßen zu müssen. Aber dann war auch schon die Passhöhe erreicht, von wo es nach einer leider nur sehr kurzen Abfahrt gleich wieder in zwei weiteren Stufen hinauf auf über 2500 Meter Höhe ging.

Noch vormittags bei herrlichem Sonnenschein erreichten wir Durango, ein kleines Wildwest-Städtchen mit viel Tourismus. Die vierzehnte Kontrollstation ist jedoch nur aus einem Grund bemerkenswert: Wir hätten sie fast verfehlt! Nach exakt 1302 Kilometern unterlief uns der erste Navigationsfehler. Aber der war zu verschmerzen: Wir waren nur etwa 250 Meter in die falsche Richtung gefahren. Dann zeigte das Navigationssystem der Pace-Car-Crew an, dass wir die einprogrammierte Route verlassen hatten. Von Durango ging es quer durch die beeindruckenden Landschaften der Rocky Mountains, zunächst wellig, bis zum längeren Schlussanstieg hinauf nach Pagosa Springs, Colorado. Nach insgesamt 1415 Rennkilometern wartete nicht nur die fünfzehnte Kontrollstation, sondern vor allem das Wohnmobil für die obligatorische Mittagspause auf uns. Der »Ritt« nach Pagosa Springs war neben der herrlichen Szenerie noch aus einem weiteren Grund bemerkenswert: Der Wind blies mich mit einem Schnitt von etwa 30 km/h durch das Gebirge! Auf wundersame Weise neutralisierte der Wind die Anstiege, um in den Abfahrten für ein enormes Tempo zu sorgen. So konnte es weitergehen!

Nach der mittlerweile routinemäßigen Mittagspause ging es weiter Richtung Chama. Einige Rennteilnehmer, die ich noch vor der Pause überholt hatte, hatten mich in der Pause wieder passiert und sich damit »motivationstechnisch« recycled. Das ist nicht überheblich gemeint, aber durch meine Rennstrategie war ich nicht nur recht zügig unterwegs - sobald ich auf dem Rad saß -, mein azyklisches Fahren bescherte mir immer wieder Überholmanöver, die immer einen enormen Motivationsschub hervorriefen! Das war nicht zu unterschätzen.

Wäre der Wind nicht weiter mein Freund gewesen, hätte ich das Höhenprofil, das nun auf uns wartete, mit etwas mehr Sorge betrachten müssen. Aber so ging es recht zügig und ohne allzu große Anstrengung weiter durch grandiose Landschaften. Gut motiviert, erreichten wir Chama, suchten Kontrollstation sechzehn auf, die trotz der nur wenigen Häuser etwas versteckt lag, und bereiteten uns mental auf das Dach der Tour vor: Zwei Pässe mit je über 3000 Meter Höhe lagen auf dem Weg zur nächsten Kontrollstation in Antonito, Colorado. Ich machte nur eine sehr kurze Pause, da ich die Berge vor Einbruch der Dunkelheit hinter mich bringen wollte. Nur nicht in nächtlicher Eiseskälte abfahren müssen!

Stetig ging es bergauf. Es wurde nun auch schon merklich kühler, aber wir erreichten nach dem Cumbres-Pass auch die letzte der beiden Passhöhen, den La Manga-Pass, noch vor 7:00 Uhr abends. Noch nie war ich mit meinem Rad auf über 3000 Meter Höhe gewesen! Wir waren hier höher als jeder befahrbare Alpenpass. Trotzdem wuchsen überall noch Bäume, was mich sehr erstaunte. In den Alpen würde man in dieser Höhe nur noch Flechten in Geröllwüsten finden. Es folgte erst eine sehr steile, dann eine herrliche, nur

Der Kanadier Arvid Loewen wird trotz Shermer's Neck noch als Zehnter das Ziel erreichen.

leicht abschüssige Abfahrt entlang eines breiten Gebirgsflusses, der zum Fischen einlud. Überall verstreut sah man kleine Blockhütten für Wochenendurlauber, die zum Angeln und Trecking hier noch ein Paradies vorfanden.

Auf der langen Abfahrt, bei der ich nur etwas Druck auf die Pedale gab, überholte ich David Jones, der auf Rekordfahrt unterwegs war. Er sah sehr müde aus. Aber auch ich hatte jetzt Mühe, die Augen offen zu halten. Dick eingepackt für die Abfahrt aus großer Höhe, wurde es mir nun wieder wohlig warm. Jetzt nur nicht die Augen zumachen! Ich erhöhte das Tempo, um mich wach zu halten. Bald sollten wir in Antonito mit 1573 Kilometern fast ein Drittel des RAAM geschafft haben. »Jetzt die Nachtpause einzuläuten und das Erreichen dieses Zwischenziels zu feiern wäre

schön«, dachte ich. Auch wenn wir damit von meinem Marschplan abkommen würden, der Taos, New Mexico, vorsah. »Aber hatten wir am Morgen nicht vereinbart, dass wir das Tagesziel flexibel gestalten wollten?«

In Antonito gab es einen Campingplatz mit Blockhütten, die Sabine für uns reserviert hatte. Wir versammelten uns alle, um die Lage zu besprechen. Es war kurz vor halb neun, und ich war müde. Aber die Übernachtungsmöglichkeit übte wenig Reiz aus, alles erschien etwas muffig, und auch die Aussicht, unser Tagesziel nicht zu erreichen, war zwar akzeptabel, aber irgendwie auch nicht. Zudem blies immer noch ein angenehmer Westwind. Aber es war auch klar, dass es auf den etwa 98 km nach Taos keine weiteren Übernachtungsoptionen für uns gab. Ich nahm mir ein Herz und entschied mich fürs Weiterfahren. Und genau das war ein Fehler! Ich hätte nicht gefühlsmäßig entscheiden dürfen.

Auf der Toilette sitzend und die Karte studierend, wurde mir jedoch schnell klar, dass diese Entscheidung falsch sein konnte. Ein großer Teil der Strecke verlief leider nicht nach Osten, sondern in fast perfekter Nord-Süd-Richtung. Und somit hatte ich den Wind nicht von hinten, sondern er würde mir bei diesem Teilstück ständig von der Seite in mein rechtes Ohr blasen. Das würde eine lange und mental fordernde Fahrt werden. Keine schöne Aussicht, wenn man sich schon auf eine Nachtpause eingestellt hat! Aber das Team schien jetzt sehr enthusiastisch und wollte Taos erreichen, also machte ich keine Einwände und stieg aufs Rad.

Nach kurzer Fahrt ging es rechts ab, und meine Befürchtung wurde noch übertroffen: Zum Seitenwind gesellte sich noch ein fürchterlich schlechter Straßenbelag. Der zerrte zusätzlich an meinen Nerven. Dazu kam die für die Hochebenen typische starke nächtliche Abkühlung bei klarem Sternenhimmel, die hatte ich auch nicht bedacht. Ich ärgerte mich über mich selbst, aber es gab kein Zurück. Jetzt war Fokussieren wichtig, mentale Stärke war gefordert.

Vor uns tauchten immer wieder die rot blinkenden Motivationsleuchten auf; ich war dankbar für jede Abwechslung. Denn inzwischen war es Nacht geworden, und die Strecke verlief ohne Anhaltspunkte schnurgerade ins Nichts. Zwei Dinge be-unruhigten mich: zum einen eine von der Rennleitung angekündigte, bis zu dreißigminütige Pause, die uns wegen Filmarbeiten an einer Brücke kurz vor Taos drohte, und zum anderen ein etwa 150 Meter tiefer Knick auf der Profilkarte, der wie ein Druckfehler aussah (siehe Abbildung rechts).

Der Doc äußerte scherzhaft die Befürchtung, dass ich in diesem »Loch« wortwörtlich stecken bleiben könnte. Ich solle unbedingt aufpassen!

Das war nicht weit hergeholt, denn ich hatte etwas müde Beine, und das auf der Karte sah wie ein sehr steiler Anstieg aus, über den ich mich wieder aus dem »Loch« herausarbeiten musste. Dazu kam noch, dass es mittlerweile bitterkalt geworden war. Es wurde die kälteste Nacht des gesamten RAAM. Trotzdem hielt ich den Tachometer immer gut über 30 km/h. Ich wollte schnellstmöglich nach Taos, und die Anstrengung hielt mich etwas warm. Aber das Tempo war noch aus einem anderen Grund von besonderer Bedeutung.

Meine Rennstrategie führte die Hochrechnungen der Rennleitung, die von Kontrollpunkt zu Kontrollpunkt gemacht wurden, ins Absurde. Immer morgens, wenn ich mich, nach längerer Nachtpause, bei der ersten Kontrollstation meldete, wurde anhand der bisherigen Gesamtzeit das Durchschnittstempo ermittelt. Da ich lange Pausen machte, war dies so niedrig wie das meiner jeweils unmittelbaren Mitstreiter. Dieses gemittelte und daher geringe Tempo wurde dann zum Abschätzen der nächsten Ankunftszeit genommen.

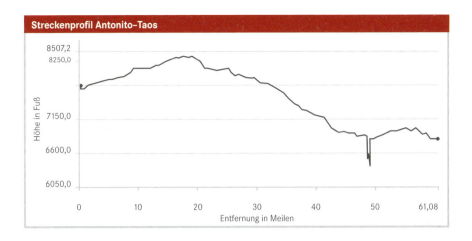

Streckenprofil Antonito–Taos

Höhe in Fuß

8507,2
8250,0
7150,0
6600,0
6050,0

0   10   20   30   40   50   61,08

Entfernung in Meilen

So kam ich an jenem Morgen in Pagosa Springs etwa zwei Stunden früher an, als man prognostiziert hatte. Das lag einfach daran, dass ich netto, das heißt ohne Pausen, etwa 50 Prozent schneller fuhr. So absolvierte ich die Strecke von Durango nach Pagosa Springs nicht mit etwa 20 km/h, meinem bisherigen Bruttotempo, sondern mit knapp 30 km/h. Das machte die Race Officials offensichtlich stutzig: Arbeitete ich möglicherweise mit unsauberen Mitteln? Ab Pagosa Springs hatten wir dann auch ständig Officials um uns herum, mal versteckt in Seitenstraßen parkend, mal ganz offen uns begleitend.

Die Ankunftszeiten bei den beiden nach Pagosa Springs folgenden Kontrollstationen, Chama und Antonito, entsprachen interessanterweise wieder den Hochrechnungen der Rennleitung. Aber nur deshalb, weil ich in beiden Abschnitten kürzere Pausen eingelegt hatte: zum einen die Mittagspause kurz nach der Kontrollstation in Pagosa Springs und zum andern die längere Pause im Wohnmobil in

Antonito, als wir uns über die eventuelle Weiterfahrt berieten.

Jetzt waren wieder die beiden Österreicher bei uns und monierten, dass ich nicht immer optimal im Scheinwerflicht des Pace-Cars fahren würde. Dies stimmte vermutlich, denn ich musste ständig irgendwelche Löcher in der Straße umfahren. Ich fuhr inzwischen auch fast 40 km/h. Zu diesem Zeitpunkt wusste ich nicht, weshalb wir ständig kontrolliert wurden. Aber mein Tempo half sicher, die Hochrechnungen der Rennleitung meiner Strategie und Leistungsfähigkeit anzupassen. Doch waren die Officials nicht völlig überzeugt, am nächsten Tag sollten Danny Chew und Allen Larsen nochmals einen »Gesundheitscheck« bei mir durchführen.

Die oben angesprochenen Sorgen lösten sich glückerlicherweise in Wohlgefallen auf: Von Filmcrews war weit und breit nichts zu sehen, und das befürchtete Loch kam auch nie, da die Brücke über den Rio Grande mittlerweile wieder freigegeben worden war, sodass wir nicht, wie Streckenprofil und Roadbook prognostizierten, den beschwerlichen Umweg durch das »Loch« (also bis hinunter zum Fluss) nehmen mussten. Die Kälte setzte mir dagegen zu – auf über 2100 Meter Höhe wurde es bei sternenklarer Nacht immer frischer. Nach über 30 °C am Mittag waren es mittlerweile nur niedrige einstellige Werte. Hätte ich besser nicht in der Sauna, sondern im Kühlhaus trainiert! Trotz guter Kleidung konnte ich mich kaum noch warmhalten, da mein Ofen leer war. Ich fühlte mich zum ersten Mal beim RAAM so richtig erschöpft. Dazu kam der quälende Gedanke, dass ich in Antonito diesen Kraftakt vorhergesehen hatte; und ich hatte nicht darauf reagiert. Nun befürchtete ich, den Bogen überspannt zu haben.

Zumal Taos einfach nicht näher kommen wollte. Schon lange hatten wir die Stadt am Horizont ausmachen können. Sie wirkte mit ihren Tausenden von Lichtern wie eine Erweiterung des über uns funkelnden Firmaments. Aber das Bild schien sich überhaupt nicht verändern zu wollen. Nun musste mein zweites Mantra herhalten: »When the going gets tough, the tough get going!«, sagte ich mir wieder und wieder. Es gab mir Kraft und Fokus. Es gab keine Alternative, und solange ich in die Pedale trat, kam ich voran.

Jede Strecke ist endlich, und so erreichten wir schließlich auch Taos. Es war kurz vor Mitternacht. Sabine und Paul hatten ein wunderschönes Best Western Hotel gefunden, das im mexikanischen Adobe-Stil gebaut war. Leider konnte ich es nicht

wirklich genießen, denn die Kälte hatte mir schwer zugesetzt: Halsschmerzen, schwere Beine, und ich spürte einen Tennisball in meinem linken Vorderfuß. Würde ich mich davon wieder erholen? Zum ersten Mal, seit ich mich mit dem Thema RAAM befasste, kamen mir Zweifel, ob ich es schaffen würde.

Vor wenigen Stunden in Antonito war ich zwar müde, aber körperlich fit gewesen. Und jetzt ging es mir schlecht. »Nur die Crew nicht nervös machen«, sagte ich mir. Ich teilte nur Annette meine Probleme mit. Gleich nach dem Bad, das mich langsam wieder auf normale Temperatur brachte, wickelte sie meine Beine und den Hals in kalte Wickel ein. Das war für mich völlig widersinnig, hatte ich nicht meine Probleme, weil mir kalt war? Aber ich ließ alles geschehen, ich brauchte ein Wunder! Das war mein letzter Gedanke, als ich mit einer eingeflößten Löffelmenge Contramutan N, einem homöopathischen Mittel gegen meine aufkeimende Erkältung, einschlief.

Als ich nach etwa viereinhalb Stunden mit Albträumen versetztem Schlaf aufwachte, lag ich in einem völlig durchnässten Bett. Ich stand auf, und auf dem Weg zur Toilette fielen die Wickel Stück für Stück von mir ab – das war wie in diesen Horrorfilmen, wenn die Mumie plötzlich zu laufen beginnt. Ein Wunder war geschehen – die Mumie lebte! Meine Beine hatten sich wieder erholt, und auch die Halsschmerzen waren so weit zurückgegangen, dass ich das Gefühl hatte, sie mit einem Schluck Kaffee herunterspülen zu können.

Obstfütterung in entspannter Atmosphäre.

Von Taos ins Tao: Der Wind ist nicht immer dein Freund

Nur etwas störte mich weiterhin: Der Tennisball, den ich am Abend zuvor in meinem linken Vorderfuß spürte, nachdem ich die Radschuhe ausgezogen hatte, war zwar über Nacht auf die Größe eines Tischtennisballs geschrumpft, bereitete mir aber trotzdem Sorge.

Mir fielen die Worte von Tobias, meinem orthopädischen Schuhmacher, wieder ein, der mir aufs Intensivste angeraten hatte, Radschuhe und Einlagen häufig zu wechseln. Bisher hatte ich das nicht gemacht, und das war mein erster dicker Fehler! Ein weiterer Fehler war, dass ich nicht die Einlagen benutzte, mit denen ich schon über 30 000 km gut unterwegs war. Stattdessen fuhr ich seit dem Start mit Ex-emplaren, die »in letzter Minute« angefertigt worden waren. Sicher waren die noch besser als meine »alten« und nach einem Tipp von einem Radprofi noch speziell für mich angefertigt worden – aber sie waren leider ungetestet und völlig ungewohnt für meine Füße. Und jetzt hatte ich eine lokale Nervenirritation! Dieses Malheur demonstrierte deutlich, dass man im Wettkampf nur ausreichend getestetes Material verwenden darf! Letztendlich sollte dieses Taubheitsgefühl jedoch keinen Einfluss auf das Rennen haben. Es störte mich nur, wenn ich barfuß ging, und es wurde auch nicht schlimmer. Wieder zu Hause, würde ich die ernsten Blicke von Tobias aushalten müssen: Er hatte mich ja gewarnt.

Viel wichtiger war es aber, dass ein Wunder geschehen war: Ich fuhr der aufgehenden Sonne entgegen! Noch vor wenigen Stunden hatte ich insgeheim große Zweifel gehabt, ob ich mich von der Nachtfahrt nach Taos wieder rechtzeitig erholen würde, hatte ernste Sorge, ob ab Taos das RAAM für mich zum Albtraum werden würde.

Ich weiß bis heute nicht, welche physiotherapeutische Maßnahme mich wieder auf die Beine brachte. War es die Massage, die Elektro- oder Ultraschallbehandlung, oder waren es doch die kalten Wickel? Wir tippten auf Letzteres, und so wurden die Wickel von jener Nacht an in unsere nächtliche Routine eingebaut – auch wenn ich riskierte, jeden Morgen in einem durchnässten Bett aufwachen zu müssen.

Obwohl wir, ähnlich wie zuvor in Flagstaff, die Kontrollstation erst am nächsten Morgen anfuhren, musste uns das Rennhauptquartier schon in der Nacht als angekommen registriert haben. Nur so ist im Nachhinein die offizielle Ankunftszeit in Taos, die sich auf der RAAM-Webseite findet, zu erklären: 1:36 Uhr morgens nach Annapolis-Zeit. Das Hotel hatten wir zur gleichen Zeit, nämlich 23:36 Uhr Ortszeit erreicht. Taos bzw. New Mexico liegt zwei Zeitzonen vor der Ostküste. Nach unseren Aufzeichnungen meldeten wir das Erreichen erst Ortszeit 7:15 Uhr am nächsten Morgen, als wir die Kontrollstation bei unserer Abfahrt gerade passierten, was einer offiziellen Rennzeit in Annapolis von 9:15 Uhr entsprochen hätte.

Auf dem Weg nach Cimarron, immer noch in New Mexico, musste der Bobcat-Pass mit etwa 2950 Meter Höhe überwun-

den werden. Ob wir Bobcats zu sehen bekämen? Mit etwa einem Meter Größe sind Rotluchse, wie sie bei uns genannt werden, für Menschen nicht gefährlich, trotzdem kam ich mir wie »Essen auf Rädern« vor, man weiß ja nie! Mit einem steilen Anstieg von insgesamt über 1000 Höhenmetern war der anstehende Pass ein echter Brocken. Auf dem Weg bis zum eigentlichen Anstieg sinnierte ich über meine Nase. Grund dafür war die große Portion Bepanthen, die mir Annette noch zur Abfahrt am Morgen trotz heftigster Proteste meinerseits hineingedrückt hatte. Das störte mich, obwohl ich den therapeutischen Nutzen einsehen konnte – aber noch mehr störte mich etwas, was den meisten, die vom RAAM hören, sicherlich niemals in den Sinn kommen würde: Die totale Überwachung, der man als Solist ständig ausgeliefert ist! Und die brachte mir meine Nase ins Bewusstsein.

Ursache für die Probleme mit meiner Nase war die enorme Trockenheit in der Mojave-Wüste, die anfangs der Rennwoche meine Schleimhäute völlig ausgetrocknet hatte. Dadurch entwickelten sich immer wieder blutige Krusten. Die störten mich zum einen beim Atmen, zum anderen fingen sie beim Abheilen an zu jucken. Beim Versuch, die lästigen Teile zu entfernen, ertönte schon tags zuvor immer wieder ein schrilles »Finger weg!« aus dem Lautsprecher des Pace-Cars. Aber erst jetzt wurde ich mir meiner Lage bewusst: »Big brother is watching you« – George Orwell lässt grüßen. Es waren zwar meine Freunde da hinten im Pace-Car, und alles war zu meinem Besten, aber dennoch: Ich war unter »Total Control«.

Ich berührte erneut meine Nase. »Finger weg!«, dröhnte es sofort aus dem Lautsprecher: Es funktionierte erschreckend gut! Es klappte jedoch auch, wenn ich mein Ohr berührte. So gut war die Überwachung dann doch wieder nicht. Das System konnte unterlaufen werden, und das war irgendwie beruhigend.

Während es durch eine idyllische Schlucht langsam, aber sicher in Richtung finalem Anstieg zum Pass ging, tauchten Danny Chew und Allen Larsen wieder auf. Vermutlich war dies ein weiterer Strategiecheck: Ob ich wieder so lange pausiert hätte? »Ja«, sagte ich, über sechs Stunden. Und wie es mir gehe, war die letzte Frage »Sehr gut«, sagte ich, und dann waren sie auch schon wieder auf dem Weg zu ihrem nächsten »Opfer«.

Vor uns tauchte Julio Paterlini auf. Der Italiener war sehr gut an seinem Tretstil zu erkennen. Wie ein überdimensioniertes Pendel schaukelte der ganze Körper in gemächlichem Rhythmus hin und her. Niedrige Trittfrequenzen sind sicherlich ökonomisch und, solange nicht eine hohe Leistung erbracht wird, keine allzu große Belastung für Gelenke und Muskulatur. Ich bin dennoch ein Verfechter höherer Kurbelumdrehungen, da man damit immer die Belastung senkt, egal wie hoch die erbrachte Leistung ist. Ich schaute auf meine Powercontrol-Anzeige: Meine Leistung lag bei 220 Watt. Jetzt nur nicht übermotiviert den Druck erhöhen! Aber Paterlini kam auch so immer näher. Daumen hoch

aus seinem Pace-Car, auch seine Crew war, wie die Crews aller Fahrer, äußerst freundlich zu anderen Teilnehmern. Es war eine große sportliche Gemeinschaft, die sich gegenseitig unterstützte.

Ich klopfte ihm beim Überholen auf die Schulter – und weiter ging es. Horst kam im Pace-Car zu mir vorgefahren: »Glaubst du nicht auch, dass die gerne mit uns tauschen würden?« Wir grinsten uns an. Es ist schon anstrengend genug, täglich einem Radfahrer über unzählige Stunden im Schneckentempo hinterherzufahren und dabei konzentriert zu bleiben, aber Paterlinis Rhythmus hatte definitiv etwas Hypnotisierendes an sich: Es musste für sein Team besonders hart sein.

Die Abfahrt war fantastisch, allerdings ging es nicht richtig voran, ohne weiter zu treten. Der heftige Aufwind bremste mich stärker, als mich die sechs Prozent Gefälle beschleunigen konnten. Wir erreichten mit Eagle Nest ein kleines Wildwest-Dörfchen, in dessen Nähe irgendwelche Raufbolde vor uns fahrende RAAM-Solisten überfallen hatten: Es kursierten Berichte über zumindest einen zerbrochenen Fahrradhelm und Zeitgutschriften, die von der Rennleitung vergeben wurden. Viel Information sickerte jedoch nicht durch.

Nach kurzem Anstieg ging es windgeschützt durch den Cimarron Canyon State Park, fast 40 km leicht bergab durch eine enge Flusslandschaft. Diese Strecke entlang dem Cimarron-Fluss erinnerte uns sehr an das idyllische und sehr enge Hexenlochtal, einen Teil der deutschen

Uhrenstraße im Schwarzwald. Jedoch war mal wieder alles – typisch amerikanisch – etwas größer dimensioniert. Wir erreichten mit Cimarron, einem fast völlig verlassenen Örtchen am Ende des Tales, bei Rennkilometer 1795 die neunzehnte Kontrollstation.

Danach ging es, nur durch milde Anstiege ab und zu unterbrochen, immer weiter bergab. Heftiger Rückenwind trieb mich voran. Ich nahm ihn ohne richtige Wertschätzung einfach so hin – man gewöhnt sich allzu schnell an die guten Dinge im Leben –, bis ich schlagartig seine Wucht von der Seite zu spüren bekam. Nach etwa 30 km markierte eine Rechtskurve von etwa 90 Grad das jähe Ende des Fahrspaßes. Die nächsten 10 km kämpfte ich gegen den heftigen Seitenwind. Nur in schräger Kurvenlage konnte ich geradeaus fahren! Ich sehnte die nächste Linkskurve herbei. Als sie endlich kam, hatte der Wind, nun wieder von hinten kommend, noch weiter zugelegt. Selbst die kleinen Anstiege, mit denen die Strecke gespickt war, waren wie Abfahrten!

Abbott, die zwanzigste Kontrollstation bei Rennkilometer 1876, bestand nur aus ein paar wenigen Bäumen, die unserem Wohnmobil als Schattenspender dienten. Weshalb gerade dieser Punkt in einer ansonsten inhaltslosen Steppenlandschaft einen Namen trug, war uns nicht erklärlich. Wir überlegten, ob wir die geplante Mittagspause wirklich einlegen sollten; der Wind war einfach zu optimal, um ihn nicht auszunutzen. Selbst das Wohn-mobil wackelte immer wieder unter den heftigen Böen. Wir entschieden uns aber letztendlich für die Routine. Immerhin hatte ich an diesem Tag, bei Temperaturen weit über 30 °C, schon einige Pässe und etwa 200 km zurückgelegt. Und die letzte Nacht hatte ich auch noch nicht vergessen – nur nichts übertreiben, wir waren gut im Plan!

Nach nur 30 Minuten ging es weiter. Der Wind hatte zwar etwas nachgelassen, blies aber freundlicherweise immer noch von hinten. Elkhart, die übernächste Kontrollstation, war das erklärte Tagesziel. Sabine hatte das Motel schon reserviert. Es waren noch 232 km, aber der generell abschüssige Kurs, der uns aus den Hochebenen der Rocky Mountains in die tiefer gelegenen Great Plains nach Oklahoma führte, zusammen mit der guten Windunterstützung, sollte helfen, unser Tagesziel zu erreichen. Auch viele Motivatoren hatten uns während der kurzen Mittagspause überholt: Die »Jagd« konnte wieder beginnen.

Neben Ryan Correy und nochmals Paterlini überholte ich auch Caroline van den Bulk, die erste der beiden Frauen, die einen Tag vor uns gestartet waren. Während ich mich mit der langarmigen Diadora-Funktionsunterwäsche gegen die Sonne schützte, fuhr sie, nur mit einem Träger-Top bekleidet, fast rückenfrei! Ihre Haut war von der Sonne schwarzbraun gebrannt – das konnte nicht gesund sein!

Wir erreichten Clayton, die einundzwanzigste Zeitstation, und ich wollte zum ersten Mal ohne Pause sofort weiter, um

Keine grüne Welle für RAAM-Fahrer. Im Gegenteil, an jeder Ampel und jedem Verkehrs-schild drohte bei Missachtung eine Zeitstrafe.

den Wind zu nutzen, solange es ging. Ich befürchtete, dass er abebben würde, sobald die schon abendliche Sonne komplett verschwunden wäre. Es sollte schlimmer kommen.

»Der Wind ist dein Freund«, klang es etwas hilflos aus dem Pace-Car. Es war als stärkendes Mantra gedacht, verfehlte aber völlig seine Wirkung. Etwa 37 km vor Erreichen unseres Motels in Elkhart hatte der Wind nicht nachgelassen, sondern er blies wesentlich heftiger als tagsüber. Was ich begrüßt hätte, wären die stürmischen Böen nicht plötzlich aus der falschen Richtung gekommen. Um uns herum befanden sich zwei größere Unwettergebiete, die sich vermutlich gerade in diesem Augenblick über uns vereinigen wollten.

Anstatt wie bisher bei nur 100–150 Watt Leistung mit 40 km/h voranzupreschen, kämpfte ich nun bei über 300 Watt mit nur 15–20 km/h gegen den Sturm. Unser Motel, bisher am Ende einer langen Talabfahrt so greifbar nahe, schien plötzlich auf einem steil ansteigenden, hohen Gebirgspass zu liegen. ›Der Wind ist nicht mein Freund – nicht mehr.‹ Ich spürte Müdigkeit aufkommen und hatte Sorge, dass ich wieder das Gleiche erleben würde wie am Abend zuvor auf dem letzten Stück vor Taos. Dass ich mich mit Annettes Hilfe so schnell erholt hatte, gab mir zwar für die weiteren Etappen enormes Selbstvertrauen: Ich hatte meine Grenzen ausgelotet und glaubte, mich besser einschätzen zu können. Andererseits hielt ich es für unklug, mein Schicksal ein zweites Mal herauszufordern. Nicht nochmals durfte ich, wie am Abend zuvor in Antonito, einen taktischen Fehler begehen!

Ich rief das Pace-Car mit einem Winken zu mir nach vorne und fragte beide Teamchefs, die mich besorgt ansahen: »Steht nicht im RAAM-Regelwerk, dass ich überall die Strecke verlassen kann, solange wir uns proper abmelden?« Beide Köpfe nickten mir zu. »Dann will ich den Tag genau jetzt beenden! Wenn ich so weiterfahre, riskieren wir, dass ich morgen nicht mehr auf die Beine komme!«

Einen Telefonanruf bei der Rennleitung später befand ich mich, in eine Decke eingewickelt, im Pace-Car auf dem Weg in Richtung Elkhart. Wir passierten dabei den Schweizer Martin Jakob und konnten aus dem Fenster des Wagens gut erkennen, wie er mit aller Kraft gegen den Sturm ankämpfte.

Pratt: Halbzeit beim BigMac

Am nächsten Morgen mussten wir die trostlosen 37 km, die ich abends zuvor im Pace-Car nach Elkhart verbracht hatte, wieder zurückfahren. Ich startete genau an dem Ort, bei dem ich die Rennstrecke am Abend zuvor verlassen hatte. Dass kein Official uns kontrollierte, ließ uns vermuten, dass wir wieder ohne Verdacht unterwegs waren. Aber es mag auch andere Gründe gegeben haben: Vielleicht war einfach niemand verfügbar.

Der Wind hatte nachgelassen, blies aber immer noch aus südöstlicher Richtung – das würde wieder ein langer und sehr mühsamer Tag werden, zumal auch landschaftlich absolut gar nichts geboten wurde. Aber genau diese Öde zu überstehen ist das wahre RAAM!

Doch ging es zunächst wieder in Richtung Elkhart. Diesmal auf dem Rennrad,

welches ich fest im Griff halten musste. Der Wind blies kräftig von rechts, was mir unangenehmer war, als wenn der Wind direkt von vorne gekommen wäre. Aber ich hatte keinen richtigen Grund zu jammern: Den hatte Daniel Rudge, dessen Wohnmobil ich zuletzt auf dem Parkplatz desselben Motels gesehen hatte, in welchem wir übernachteten. Seither fuhr er immer vor mir, da er nur sehr kurze Pausen einlegte.

Zum ersten Mal sah ich einen Fall von Shermer's Neck – und es war ein schauriges Bild. Daniel, ein dynamischer und sehr freundlicher Engländer, mit dem ich mich schon vor dem Start in Oceanside gut verstanden hatte, war kaum wiederzuerkennen. Sein Kopf hing unter zwei Stangen, die irgendwie hinter seinem Rücken befestigt waren, an einem Gurt, der ihn schräg und etwas verzerrt in Position hielt. Er konnte nur geradeaus schauen und nur schwer sprechen. Sein Gesicht war angeschwollen. Auch sein Plan war, unter elf Tagen das Ziel zu erreichen, eine Zehn sollte auf dem Finisher-Foto stehen! Und um das zu schaffen, wollte er seine Pausen aufs Nötigste reduzieren. Er wollte noch etwas Zeit gutmachen, wie er mir mitteilte, denn er fürchtete die steilen Appalachen.

Wie es mir gehe, wollte er wissen. Ich überlegte einen Moment und entschied mich ehrlich zu sein: »Sicherlich besser als dir!«, sagte ich, »eigentlich kann ich überhaupt nicht klagen!«

Trotz seines schweren Handicaps fuhr er noch weitere, für ihn sicherlich endlose, psychisch wie physisch sehr belastende

Eine wunderbare Abfahrt vom Bobcat-Pass auf dem Weg nach Cimarron, New Mexico.

1400 Kilometer, bevor er letztendlich aufgeben musste. Ich war zu dem Zeitpunkt, als wir uns unterhielten, einfach nur erstaunt, mit welcher Härte sich selbst gegenüber er zu Werke ging. »Bin ich selbst zu weich?«, fragte ich mich. Ich war noch richtig gut unterwegs und trotzdem nicht schneller als Rudge, der sich selbst geißeln musste, um das Ziel zu erreichen. Schlimmer noch, ich war schon jetzt hinter meinem Zeitplan und hatte schon die ersten Zweifel, ob die »Zehn« bei der Tagesangabe auf meinem Zielfoto, an die Rudge für sich immer noch zu glauben schien, wirklich noch zu schaffen wäre.

Da ich schon seit über 200 km gegen heftigen Seitenwind kämpfen musste, war es nicht mehr möglich, die 37 Kilometer, die ich wegen des Sturms tags zuvor gegenüber dem Plan zurücklag, wieder gutzumachen, um das geplante Etappenziel in Colwich doch noch zu erreichen. Doch irgendetwas ließ mir keine Ruhe. Vielleicht lag es an der Monotonie der Landschaft, vielleicht aber auch an Daniel Rudge, der sich trotz seines Handicaps stärker zu fordern schien als ich. Aber vielleicht hatte ich auch einfach dieses »Hase-und-Igel-Spiel« satt, in dem ich mich als der schnelle Hase fühlte, der die langsameren Igel nicht hinter sich lassen konnte.

Es war zum einen sicherlich gut, immer wieder Motivatoren vor sich zu haben. Aber es waren häufig dieselben Mitstreiter. Markus hatte beim Frühstück noch gescherzt, dass es Zeit wäre, mir einen schwarzen Stift mitzugeben. So könnte ich immer wieder beim Überholen einen Strich auf deren Trikot machen, um einen besseren Überblick zu behalten. Das war zwar ein lustiger Gedanke, aber er demonstrierte auch, wie meine erfolgreiche Arbeit in den langen Pausen immer wieder zunichte gemacht wurde: Die Igel waren immer wieder vor mir.

All das ließ mich meine bisher gefahrene Strategie überdenken. Ich winkte mein Pace-Car nach vorne zu mir. Ich sah Horst gleich an, dass er wusste, was ich zu sagen hatte: »Denkt mal darüber nach, ob wir die nächste Nacht ohne lange Pause durchfahren. Lasst uns in der Mittagspause darüber sprechen.« Glücklich schauten die beiden nicht drein. Horst teilte mir auch gleich mit, dass sie auch schon mit dem Gedanken gespielt und seit etwa einer halben Stunde auf diesen Vorschlag von mir gewartet hätten. In jenem Moment fiel auf, wie die Interaktion zwischen dem Pace-Car und mir immer mehr telepathischer Natur wurde: So brauchte ich zum Beispiel vom dritten Tag des RAAM an nur an eine Banane zu denken, schon hatte ich sie im Mund!

Die Gedanken kreisten. Die zentrale Frage war, ob es der richtige Zeitpunkt wäre, die Strategie zu ändern, um von nun an, anstatt »nur« auf Ankommen auch auf Platzierung zu fahren. Einerseits war da die Befürchtung, dass ein Strategiewechsel zu früh sein könnte und ich mich danach nicht mehr optimal regenerieren würde.

Anderseits spürte ich eine Euphorie bei dem Gedanken, mit einer durchfahrenen Nacht mehrere Fliegen mit einer Klappe schlagen zu können: Ich würde sowohl das Hinterherhinken im Zeitplan als auch das Hase-und-Igel-Spiel beenden und mich dabei noch vorne im Klassement etablieren. Auch würde die Monotonie der Landschaft weniger an meinen Nerven zehren, denn bei der vorgeschlagenen Nachtfahrt würde ich nicht viel von ihr zu sehen bekommen. Zudem hätte ich eine neue Herausforderung, würde aus der Routine, die mich mittlerweile beschlich, ein wenig ausbrechen. All das beflügelte mich.

Die Sache stand für mich daher fest, als ich das Wohnmobil kurz vor Bucklin, Kansas, der vierundzwanzigsten Kontrollstation, erreichte: Ich würde die folgende Nacht durchfahren. Ich erwartete Widerstand aus dem Team, denn alle schienen mit dem derzeitigen Gang der Dinge zufrieden zu sein. Auch ich hatte gespürt, wie die Nonstop-Fahrt nach Flagstaff das Team geschlaucht hatte. Aber zu viele Dinge sprachen dafür, also passierte, was passieren musste. Als alle Teammitglieder sich im Wohnmobil um mich herum sitzend, stehend und zum Teil liegend aufgereiht hatten, fing ich an, der Reihe nach das jeweilige Gegenargument zu entkräften. Da ich ja auch eine ganze Reihe von Gründen für die Nachtfahrt gesammelt hatte, war es für jeden Einzelnen schwer, meine Argumentation zu widerlegen.

Trotzdem wurde ich von Argument zu Argument unsicherer, ob ich mich hier nicht in eine Sackgasse manövriert hatte. Meine gesamte Rennstrategie basierte weitgehend auf vollständiger Regeneration. Es lag nur knapp die halbe Renndistanz hinter uns, der Rest der Strecke könnte zu einer unendlich langen Qual werden. Genau da lag auch der Schwachpunkt meiner Logik, die plötzlich durch das Rennfieber außer Kraft gesetzt gewesen sein musste. Annette, die meine Regenerationsfähigkeit sicherlich am besten einzuschätzen wusste, äußerte auf mein nachträgliches Fragen unter vier Augen ihre deutliche Meinung: »Das wäre ein großer Fehler! Du würdest ab morgen genauso am Limit fahren wie all die anderen, die wir zurzeit bedauern.«

Wie sehr sie damit Recht hatte, sollte ich am letzten Renntag erfahren. Aber ohne dieses Wissen galt es, in jenem Augenblick eine Entscheidung zu treffen. Ich hatte vermutlich einen guten Grund, Annette nochmals zu fragen, nachdem alles schon entschieden schien: Ich brauchte einen Ausweg. Tief im Inneren fühlte ich, dass das Beibehalten des früheren Kurses vernünftig war, und Annette war diejenige, die die Gesichtswahrung für meinen Rückzieher lieferte.

Markus, der mit Horst und dem übrigen Team das weitere Vorgehen plante, kam zu uns und teilte mir mit, dass alle hinter mir stünden und auch ein Weiterfahren mittragen würden. Aber er sowie alle anderen Teammitglieder waren froh, dass ich dennoch eine Kehrtwende machte und entschied, am bisherigen Kurs festzuhalten. Und Horst war sich ganz sicher: »Du musst einfach Geduld haben, denn

erst hinter dem Mississippi beginnt das Rennen!«

Die ganze Diskussion, die ich vom Zaun gebrochen hatte, löste sich damit in Wohlgefallen auf – aber unwichtig war sie nicht gewesen. Trotzdem hatte die Debatte eine negative Konsequenz: Wir erreichten auch an diesem Tag unser Planziel nicht! Zwar hatte ich auch zum ersten Mal auf den kurzen Mittagsschlaf verzichtet, aber dennoch so lange pausiert, dass wir im Zeitplan noch weiter nach hinten rutsch-

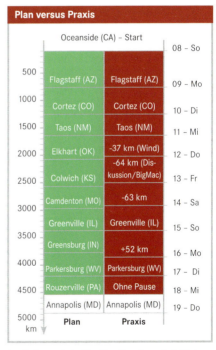

In Grün zeigt die Grafik die nächtlichen Stopps, die ich acht Monate vor dem RAAM 2008 geplant hatte. Daneben in Rot die Position der Stopps, wie sie sich im realen Verlauf des Rennens ergaben.

139

ten. So quartierten wir uns in einem Motel etwa 64 km vor Colwich, dem ursprünglichen Planziel ein. Aber für das Abweichen vom Plan gab es noch einen weiteren und weitaus erfreulicheren Grund: McDonald's bescherte uns Hamburger »all-you-can-eat« – essen, soviel wie reingeht!

Die nächste Kontrollstation, die in etwa die Hälfte der diesjährigen RAAM-Distanz markierte, erreichten wir in Pratt, Kansas. Dieser Meilenstein wurde auch zelebriert, womit mich mein Team aber völlig überraschte, niemand hatte mich darauf vorbereitet. Alle, außer der Pace-Car-Crew, waren vorausgefahren und hatten die La-Ola-Welle eingeübt, mit der ich mit viel Begeisterung empfangen wurde. Viele Reporter waren anwesend, auch Danny Chew kam gleich zu mir herüber, als ich genüsslich in einen BigMac biss. Der lokale McDonald's versorgte großzügig alle Rennfahrer und deren Teams. Ich aß sogar noch einen zweiten, den ich mit einer echten Cola herunterspülte.

Gleich beim Verlassen von Pratt überholte ich wieder einmal Paterlini, es war sicher schon das fünfte, wenn nicht sogar das sechste Mal – da ich den Überblick verloren hatte, wären die schwarzen Marker sicherlich gut gewesen! Beim Versuch, ihn freundlich zu grüßen, wäre er vor Schreck fast in einen Graben gefahren. Vielleicht hatte ich ihn aus dem Halbschlaf gerissen. Noch eine gute Stunde nächtlicher Fahrt zum Nachtstopp in Kingman, Kansas, lag vor uns. Gut gesättigt, mit den zwei BigMacs im Bauch, fühlte ich mich hervorragend. Etwa dreißig Minuten vor Erreichen des Nachtlagers bekam ich wie jeden Abend einen beruhigenden Kräutertee und die Anweisung, meine Leistung auf unter 100 Watt zu reduzieren. Ich sollte noch auf dem Fahrrad die nötige Bettschwere erreichen, sodass ich gleich nach dem Bad schnell in den notwendigen Nachtschlaf fallen würde. Diese letzte halbe Stunde war schon der Anfang der nächtlichen Regenerationsphase, in der ich immer noch ein paar Kilometer des Wegs hinter mich brachte.

In Kingman planten wir eine Pause von sechs Stunden, obwohl ich das Gefühl hatte, noch weiterfahren zu können. Deshalb hatten wir ein gutes Gefühl, dass wir am nächsten Tag wieder etwas Zeit gegenüber unserem Plan gutmachen könnten.

Durch die großen Ebenen von Kansas nach Missouri

Bei diesem Vorhaben halfen auch die großen Trucks, die immer wieder vorbeirollten, als wir fast schnurgerade Richtung Osten fuhren und nach Colwich und El Dorado mit Yates Center die dritte Kontrollstation des neuen Tages erreichten.

Beim Überholen nahm mich ihr Sog immer ein kurzes Stück ins Schlepptau und zog mich ein Stück näher zum Ziel. Die Trucks produzieren aber leider auch viel Gestank. Zum einen auf die bekannte direkte, zum anderen aber auch auf eine weniger bekannte indirekte Art. Letztere ist für die USA leider sehr typisch: Überall am Straßenrand und sogar in den Vorgärten neben spielenden Kindern liegen verwesende Tierkadaver – und das nicht nur

Übler Straßenbelag auf den Seitenstreifen der Highways, dennoch ging es im Sog der Trucks schnell voran.

in den ärmeren Wohngebieten. Manchmal werden sogar ganze Rinder Opfer dieser monströsen Fahrzeuge. Aber vor allem liegt Wild in allen Größen herum. Man kann wegsehen, aber der Nase eines Radfahrers sind sie immer präsent.

Hunde sind ein anderes Thema, das in Horrorgeschichten rund um das RAAM immer wieder auftaucht. Auch wir hatten im mittleren Westen wiederholt mit frei laufenden Hunden zu tun. Dreimal kamen sie mir gefährlich nahe. Beschleunigen, unter lautem Brüllen und Hupen vom Pace-Car, brachte mich jeweils in Sicherheit. An diesem Tag hatte ich innerhalb weniger Minuten gleich drei Begegnungen mit

Tieren: Erst starrte mich ein Reh aus allernächster Nähe vom Wegesrand an, dann flog ich beinahe über eine ausnahmsweise noch lebende Schildkröte, groß wie ein halber Basketball, die gerade die Straße überquerte; gleich darauf verfolgte mich ein diensteifriger Wachhund.

Ich hatte an diesem Morgen auch zum ersten Mal Probleme mit dem Magen, er schien etwas übersäuert, was sich in einem leichten Sodbrennen äußerte. Ob das die Hamburger vom Vortag waren? Bis wir in Yates Center die geplante Mittagspause einlegten, hatte ich jedoch meinen Magen schon mit genügend Powerbar-Getränken »therapeutisch« durchspült, und das Problem war behoben. Es hatte Befürchtungen gegeben, dass ich bei den geplanten Mengen an Powerbar-Getränken Probleme mit meinem Magen bekommen könnte – jetzt hatte ich welche damit gelöst!

Nach der Pause, die wieder routinemäßig mit Duschen und kurzem Schlaf ablief, verließen wir die achtundzwanzigste Kontrollstation bei Rennkilometer 2647. Weiter ging es durch ödes Farmland. Alles sehr trocken. Alles, bis auf meine Augen, die anfingen zu tränen – und zu jucken, ein bei mir recht sicheres Zeichen für eine Bindehautentzündung, die durch eine Allergie auf die um uns herumfliegenden Gräserpollen ausgelöst wurde. Ich hatte das gleiche Problem schon die letzten drei Tage vor unserem Abflug in Deutschland gehabt, aber jetzt tauchte es zum ersten Mal in den USA auf. Ich nahm mit Aerius ein Antihistaminikum zu mir, welches ich gut vertrug und das nicht die für diese Medikamentenklasse typische Ermüdung auslöst. Diese eine Tablette blieb bis zum Ende des Rennens die einzige chemische Hilfe!

Wir erreichten mit Fort Scott in Kansas die neunundzwanzigste Kontrollstation. Es wurde schon Abend, und wir machten uns deshalb auch gleich weiter auf in Richtung Missouri. Es wurde spät, und wir quartierten uns 23 km hinter Collins in Wheatland, Missouri, ein; wieder etwas früher als ursprünglich geplant. Aber mit »nur« noch 63 km bis Camdenton, dem ursprünglich geplanten Nachtstopp, hatten wir einen ganzen Kilometer gegenüber der vorherigen Nacht aufgeholt.

Über den Mississippi, den psychologischen Scheitelpunkt des RAAM

Der Mississippi markiert für viele eine psychologisch bedeutsame Barriere, den eigentlichen Scheitelpunkt des RAAM. Nach etwa zwei Dritteln der Wegstrecke soll hier das eigentliche Rennen beginnen: Wer es bis hierher geschafft hat, kommt meist auch bis ins Ziel!

Einer Statistik zufolge geben nur noch vier Prozent aller Solofahrer nach der 2000-Meilen-Marke, die durch den Mississippi markiert wird, das Rennen auf. Ab hier kann man also zum ersten Mal ernsthaft über seine Platzierung im Feld nachdenken. Ich hielt anfangs nicht viel von diesen Aussagen – es handelt sich ja nur um einen Punkt auf der Landkarte, nicht mehr und nicht weniger. Aber gegenüber dem Team und auch den Reportern, die schon früh im Rennen immer wieder unseren Kampfgeist herausfordern wollten, machte auch ich willkürlich den Mississippi zum ersten Wegpunkt beim RAAM, ab dem ich würde wissen wollen, welche Platzierung ich innehatte und wo die Konkurrenz lag. Bis dahin, so hatte ich immer wieder erklärt, würde ich mich nur auf mich selbst konzentrieren.

Aber noch hatten wir das Tagesziel, das Überqueren des großen Flusses, weit vor uns. Zwei Stunden nach den morgendlichen French Toasts erreichten wir Camdenton und damit die erste Kontrollstation des siebten Renntages. Hier hatte ich ein sehr kurioses Gespräch mit dem Verantwortlichen, der über die einunddreißigste Kontrollstation wachte und vermutlich dafür da war, RAAM-Fahrer zu begrüßen und über den Stand des Rennens zu informieren.

»You are not a RAAM rider!«, sagte er, als ich neben seinem Zelt anhielt, welches mit einigen Computern und Tafeln mit Tabellen bestückt war: Ich sei kein RAAM-Fahrer! Zu seiner Entschuldigung muss ich sagen, dass ich die Kontrollstation alleine anfuhr, da mein Pace-Car wenige Meter weiter an eine benachbarte Tankstelle gefahren war. Auf die Frage, weshalb er das annehmen würde, antwortete er in vollem Ernst: »Du siehst nicht aus wie ein RAAM-Fahrer, nicht einmal Robic hat so frisch ausgesehen!« Erst als ich ihm das Pace-Car und vor allem meine Startnummern an Rad und Helm zeigte, fing er langsam an, mir zu glauben. Er wollte noch wissen, wie viele Reifenpannen wir bis zu diesem Kontrollpunkt gehabt hätten. Wie es aussah, waren wir die Einzigen, die es ohne Reifenpanne zu seiner Kontrollstation geschafft hatten. Er ging deshalb gleich mit mir die wenigen Schritte hinüber zur Tankstelle, um mein Team zu begrüßen und dabei die Reifen auf dem Ersatzrad zu inspizieren: »Handgemacht?«, wollte er wissen. »Yes, Contis, handmade in Germany!«

Mit voll betanktem Pace-Car und frisch betanktem Selbstbewusstsein fuhren wir weiter nach Jefferson City, der Hauptstadt von Missouri. Unterstützt durch kräftigen Rückenwind, ging es auf dem Seitenstreifen der mehrspurigen US 54 mit hoher Geschwindigkeit zum berühmten Capitol der Stadt, nicht unähnlich dem Sitz des US-Parlaments und Senats in Washington D.C.

Das Erreichen des Capitols um die Mittagszeit war einer der erhebenden Momente des RAAM; man hätte wohl keinen würdigeren Platz für eine Kontrollstation finden können. Der Kontrast zu anderen Stationen hätte auch nicht dramatischer ausfallen können. Unwillkürlich musste ich an Abbott denken: Dort markierten gerade einmal ein paar Bäume im Nirgendwo eine Kontrollstation. Man hatte hier, wie an fast allen Stationen kurz vor und nach dem Mississippi, eine große weiße Tafel aufgebaut, auf der die Daten des Rennens zu finden waren und die Ankunftszeiten der RAAM-Fahrer prognostiziert wurden.

Wieder einmal hatte man einige Fahrer vor mir erwartet, da man mein hohes Tempo, das ich relativ zu den anderen RAAM-Solisten nach meinen längeren Nachtpausen fahren konnte, nach wie vor nicht einkalkulierte.

Danny Chew schrieb dazu auf seiner Website: »Das Schöne daran, andere Fahrer zu passieren, die ihm nebenbei als menschliche Wegpunkte beim unaufhaltsamen Stürmen zur Ziellinie dienen, ist der Streich, der denen gespielt wird, die an den Kontrollstationen sitzen. ›Weshalb habt ihr diese Fahrer vor mir erwartet?‹, fühlte sich Nehls gezwungen zu fragen. Nachdem der Doktor scherzte, dass er mittlerweile die positiven Effekte der ersten Trainingswoche spüre, korrigierte er die Führungspositionen auf der Tafel und setzte seine epische Reise fort.«

Der Mississippi ist erreicht, und damit liegen zwei Drittel der Renndistanz hinter mir. Ab hier schaffen es die meisten!

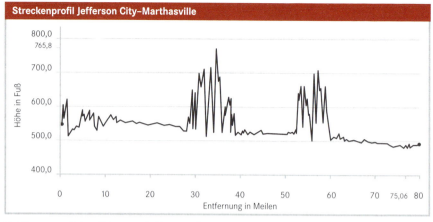

Streckenprofil Jefferson City–Marthasville

Höhe in Fuß / Entfernung in Meilen

Schikanen auf dem Weg von Jefferson City nach Marthasville, beides in Missouri: 50–70 Meter hohe Anstiege auf einem achterbahnähnlichen Kurs.

Meine Aussage über die Trainingseffekte der ersten Woche war zwar als Spaß gemeint, aber entbehrte doch nicht ganz der Wahrheit. Es ging mir gefühlsmäßig tatsächlich immer besser, und, wie die Auswertung meiner SRM-Aufzeichnungen sowie einige meiner Blutproben später zeigen sollten, konnte ich dieses positive Gefühl, das sich von der zweiten Woche an einstellte, sogar mit Fakten objektivieren.

Auf den zunächst langen und geraden Abschnitten Richtung Marthasville konnten wir zum ersten Mal das taktische Spiel der verschiedenen Vierer- und Achterteams beobachten. Seit wenigen Tagen wurde ich immer wieder, meist recht zügig, von Teamfahrern überholt. Aber die einzelnen Teamfahrer, die nun an uns heranrollten, waren nicht wesentlich schneller als ich. Der einzige Grund, weshalb ich von diesen Fahrern, die immerhin mehr

als drei Tage nach mir in Oceanside gestartet waren, passiert werden konnte, war der, dass sie als Team ohne Schlafpausen vorankamen. Ich machte mir deshalb den Spaß, mit den Teamfahrern, die zu mir auffuhren, eine Zeitlang mitzufahren, auch um mich zu unterhalten. Bei den Achterteams wurde ständig gewechselt, oft schon nach wenigen Minuten. Was für eine Logistik und was für ein Stress, dachte ich nur!

Aber es musste immer, dem Streckenprofil entsprechend, der jeweils bestgeeignete Fahrer ran. Das war gut zu sehen, als ich mit einem der Teamfahrer an meiner Seite den steilen Abschnitt auf dem Weg nach Marthasville erreichte. Es war ein recht kräftiger Fahrer – gut für flaches Zeitfahren –, der für die nun folgende etwa zehnprozentige Steigung (s. Diagramm oben) von einem leichteren Mann abgelöst wurde.

146

Mit dem hielt ich dann auch gleich mit, entgegen dem ersten Mantra, das erwartungsgemäß aus dem Lautsprecher des Begleitfahrzeugs dröhnte. Ich fuhr jetzt wie aufgedreht! Endlich hatte ich Motivatoren um mich herum, mit denen man eine Zeitlang zusammen fahren konnte – und die mit Lob nicht geizten: Für sie war es unvorstellbar, wie ich bisher im Alleingang so weit gekommen war. Für die Teamfahrer bedeutete meine Begleitung aber auch erhöhten Stress, wie mir von einem von ihnen später mitgeteilt wurde. Die Teamleitung verlangte von jedem ihrer Fahrer auf den relativ kurzen Strecken immer volle Leistung. Wie konnte da ein Solist mithalten, der schon über dreitausend Kilometer alleine gefahren war? Da man meine Rennstrategie nicht kannte, lag der Verdacht nahe, dass die jeweiligen Teamfahrer sich eine Auszeit gönnten, nur um mit mir ein Schwätzchen zu halten. Und das kam nicht gut an.

Wir erreichten Marthasville, die nächste Kontrollstation. Unser Wohnmobil wartete etwa 16 km weiter Richtung Mississippi in einer kleinen Waldweg-Einmündung. Die Mittagspause wurde wieder wie gewohnt eingehalten, allerdings durfte ich meinen Mittagsschlaf unter Bäumen und daher fast unter freiem Himmel halten. Nach einer Stunde Pause ging es weiter, alles freute sich auf den großen Fluss, der für uns inzwischen den Anfang der langen Zielgerade des RAAM markierte.

Die Umfahrung von St. Louis mit seinem berühmten Tor zum Westen, dem Gateway Arch, war eine navigatorische

Markus nutzt die kurze Mittagspause vor der nächsten Kontrollstation (T-Shirt-Aufschrift: next time station) zum verdienten Schlaf.

Meisterleistung, denn die RAAM-Planer wollten sämtliche große Städte umfahren, und hier lag mit St. Louis ein großer Brocken vor uns. So mäanderten wir auf kleinen Straßen durch unzählige Vororte. Zusätzlich bedingten Bauarbeiten kurzfristige Routenänderungen, weshalb Horst und Markus immer wieder ohne die wichtige Kontrolle des Navigationsgeräts auskommen mussten. Hier verloren wir viel Zeit. Im Nachhinein vermute ich, dass sich hier einige Fahrer Zeitgutschriften geben ließen. Das hätten wir auch tun sollen. Wir waren jedoch zufrieden, als wir kurz vor Sonnenuntergang den berühmt-berüchtigten Fluss überquerten. Es war ein großer Moment für uns alle, den Uwe auf spektakuläre Weise zu einem ganz besonderen, für ihn sicherlich unvergesslichen Highlight machte: Um ein künstlerisch besonders reizvolles Bild meiner Überquerung einzufangen, kletterte er auf das Stahlgerüst der Brücke. Als Hermann jedoch mit dem Media-Car zurückkehrte, um Uwe wieder einzusammeln, war es schon zu spät: Die Polizei hatte Uwe gestellt! Vermutlich bewegte sie die zentrale Frage: Selbstmörder oder Terrorist? Erst ausführliche Erklärungen und die Kamera als Beweisstück entspannten die Situation. Hermann durfte Uwe im Media-Car aufnehmen – und der Stress hatte sich gelohnt!

Der Mississippi markierte die vierunddreißigste Kontrollstation bei Rennkilometer 3291. Nur noch 74 km trennten uns von unserem Nachtquartier in Greenville, im Staate Illinois. Damit lägen wir sogar

wieder im Plan! Jetzt wurde zum ersten Mal die Platzierung zum Thema. Von den insgesamt 27 Einzelstartern waren derzeit nur noch 20 unterwegs. Benny Furrer musste vier Stunden zuvor, noch in Camdenton, seine RAAM-Teilnahme beenden. Daniel Rudge, zu diesem Zeitpunkt schon über dreizehn Stunden hinter uns, sollte noch den Mississippi sowie zwei weitere Kontrollstationen erreichen, bevor auch er aufgeben musste.

Ich lag beim Überqueren des Mississippi auf Platz neun. Wie ich später sehen konnte, hatte ich in Pratt, bei der Hälfte des Rennens, noch auf Platz zwölf gelegen. Noch Siebzehnter war ich bei der ersten Kontrollstation, etwa 88 km nach dem Start, gewesen. Trotz meiner vielen und vor allem langen Nachtpausen holte ich offensichtlich stetig auf. Horst wollte daher auch gleich eine Hochrechnung machen, was ich an Platzierung noch erreichen konnte. Aber wir entschieden uns dann doch, dies erst abzuwägen, wenn wir den vorletzten Renntag vor uns hätten. Noch schien es mir zu früh, mental unsere auf bloßes Finishen angelegte Strategie zu ändern, um auf Platzierung zu fahren – noch zu frisch waren die Gespräche des Vortages in meinem Gedächtnis.

Zu Greenville gibt es nur eines zu bemerken: Wir waren tatsächlich wieder im Plan! Gute Beine und ein insgesamt nicht allzu schwerer Kurs sorgten für genügend Tempo. So konnte ich die 440 km seit dem Verlassen unseres Motels in Wheatland in einer reinen Fahrzeit von knapp fünfzehn Stunden zurücklegen. Damit war ich

Inzwischen haben uns die Zwei- und Vier-Personen-Teams überholt, obwohl wir drei Tage früher gestartet waren – aber das war zu erwarten.

wesentlich schneller als in unserem Plan vorgesehen. Zum ersten Mal nach Taos hatten wir wieder ein Nachtlager erreicht, welches schon acht Monate zuvor geplant gewesen war.

Grün ist die Farbe der Hoffnung: Von Greenville nach Greensburg

Wieder einmal hatte ich gut geschlafen. Der noch kürzlich gefühlte Tennisball in meinem linken Vorderfuß blieb unverändert auf Tischtennisballgröße geschrumpft. Auch von außen war nach wie vor nichts zu sehen, keine Schwellung oder Rötung. Mein rechtes Knie, das mir noch kurz vor dem Start und auch noch die ersten Renntage Sorgen bereitete, konnte Annette mit konservativen Mitteln schmerzfrei halten! Manchmal versorgte sie es über Nacht mit einem Lymphtape,

tagsüber brachte sie ein Tape an, welches den Druck von der Kniescheibe nahm bzw. ihn anders verteilte. Ich konnte auf jegliche Schmerzmedikation verzichten, was für mich unerwartet war. Neben einem immer drohenden Shermer's Neck war die Arthrose hinter der rechten Kniescheibe meine größte orthopädische Sorge gewesen. Aber mit Annettes physiotherapeutischen Maßnahmen war ich bestens versorgt.

Da wir nun wieder im Plan waren, wollte ich auf der ersten langen Geraden des nächsten Streckenabschnittes das Plasma, mein Zeitfahrrad, testen. Bisher hatte ich mich nicht so richtig getraut. Obwohl ich die extreme aerodynamische Position, die das Fahren auf dem Plasma erforderte, lange trainiert hatte, empfand ich es für das RAAM bis zu diesem Zeitpunkt als zu riskant. Aber da ich weder mit meinem Nacken noch mit meinem Rücken irgendwelche Probleme hatte, wollte ich das Plasma nun doch versuchen: Es war sicherlich mein schnellstes »Pferd« im Stall. Es war auch die letzte Gelegenheit dafür, da wir uns kurz vor den Appalachen befanden, von wo an nur noch mein Addict-Bergrad zum Einsatz kommen würde.

Horst, Markus und Hermann waren nicht so richtig glücklich über diese Idee, da sie nichts mehr riskieren wollten. Freude kam daher erst auf, als sich Horst den Spaß erlaubte, mein NeverReach-Trink-System in »Christels Mostfass« umzubenennen, zu Ehren der Besitzerin unserer Dorftrotte. Hermann musste dann auch gleich prüfen, ob der Inhalt – leider kein

Apfelsaft – auch wirklich vorne am Lenker ankommt!

Allerdings währte auch meine Freude auf dem Plasma nicht allzu lange. Nach etwa zwanzig Minuten musste ich einsehen, dass sich mein Körper nicht mehr an die erforderliche Position erinnern konnte: Gerade einmal eine Woche RAAM lag jetzt hinter mir, und ich war vollständig umtrainiert. Wir wechselten also wieder, und diesmal gleich auf das bequeme Addict-Bergrad, welches in der zweiten Hälfte des Rennens zu meinem bevorzugten Gefährt wurde.

Vor mir tauchte wieder Paterlini auf. Ich konnte ihn schon von weitem an seinem Fahrstil erkennen. Er trug Stützstrümpfe, was in der Hitze sicherlich nicht besonders komfortabel war. Ich fuhr recht zügig an ihm vorbei und nahm mir keine Zeit, mit ihm darüber zu sprechen. Später las ich in einem Rennradmagazin, dass damit der venöse Rückfluss – auch beim Radsport – verbessert werde. Das konnte

nach meiner Ferndiagnose nur dann einen Sinn haben, wenn die physiologischen Mechanismen ganz oder zumindest teilweise versagen. Ich vermutete daher, dass er unter geschwollenen Füßen litt und dies eine therapeutische Maßnahme war. So früh am Tag hatte ich ihn noch niemals überholt, es war dann auch das letzte Mal, dass ich ihn zu Gesicht bekam: Der »Hase« hatte gewonnen; es war glücklicherweise nicht alles so wie im Märchen.

Bei angenehmen 24 °C ging es über Effingham weiter in Richtung Sullivan. Kurz vor Erreichen der siebenunddreißigsten Kontrollstation überquerten wir die Staatsgrenze nach Indiana und erreichten damit die östlichste Zeitzone der USA. Die lokale Zeit war von nun an auch die offizielle Rennzeit, die in Annapolis registriert wurde. In Sullivan legten wir die übliche Mittagspause ein. Immerhin hatten wir in den letzten sechs Stunden, bei einem Tempo von durchschnittlich über 31 km/h, mit fast 200 km auch schon fast die Hälf-

Mit hohem Tempo auch noch nach fast 4000 Kilometern. Meine Strategie ging auf, ich wurde im Laufe des Rennens immer fitter.

te der geplanten Tagesdistanz hinter uns gebracht! In ähnlich rasantem Tempo ging es am Nachmittag bis zur Kontrollstation in Bloomington weiter, wo sich die ersten Ausläufer der Appalachen zeigten. Kurze giftige Anstiege von etwa 100 Höhenmetern kündigten das auf uns wartende Höhenprofil der nächsten Tage an!

Wir erreichten um 22:00 Uhr mit Greensburg unser Tagesziel und entschieden uns, meine gute Form noch etwas zu nutzen und schon die erste Hälfte der eigentlich für den nächsten Tag geplanten Strecke bis zur vierzigsten Kontrollstation in Hamilton/Ohio hinter uns zu bringen. Zum neuen Tagesziel wurde Brookville/Indiana, am Ende der sechzehn Kilometer langen Saint Marys Road gelegen. Bei Vollmond und aufsteigenden Nebelschwaden rollten wir durch die hügelige Landschaft. Wenige Kilometer hinter Greenville, einsam auf einer Passhöhe, passierten wir das Pace-Car und das Wohnmobil von David Jones, der auf dem Weg war, den Seniorenrekord zu brechen. Alles war dunkel, und wir rollten leise an den als Nachtlager dienenden Fahrzeugen vorbei.

Markus im Pace-Car wollte mich mit beruhigenden Worten auf die wohlverdiente Nachtpause einstimmen. Ich solle nur noch ganz locker und entspannt dahinrollen. Seine meditativen Versuche drangen über den Lautsprecher des Begleitfahrzeugs an mein Ohr. Sie erreichten leider nur nicht mein Gehirn. Denn das war damit beschäftigt, die über zehnprozentige Anstiege, mit denen die Straße der heiligen Maria durchsetzt war, zu überwinden.

Entspannung war leider eine Illusion! Es war einfach nicht möglich, mich auf die Nachtruhe einzustellen, solange der anspruchsvolle Kurs so viel Energie verlangte. Auch technisch wurden wir alle noch zu so später Stunde gefordert. Die steilen Abfahrten fuhr ich sehr schnell, denn ich wollte sobald wie möglich das nächtliche Ziel erreichen und auch den Schwung für die unvermeidlichen steilen Gegenanstiege mitnehmen. Und so wurde die Fahrt auch für das Pace-Car zu einer Herausforderung: Nur mit größten Schwierigkeiten konnte es mir den Weg ausleuchten. Immer wieder stand Rotwild gefährlich nahe am Wegesrand, aber Saint Mary hielt wohl eine schützende Hand über uns, und so erreichten wir unbeschadet das schöne Brookville Inn.

Ein tolles Hotel, zu schade für eine kurze Nacht und einen French Toast auf dem Sofa des herrschaftlichen Wohnzimmers. Die Besitzer des Inns haben das historische Gebäude mit besten Materialien dekoriert. Der Frühstückstisch war mit feinstem Porzellan, Gebinden und Silberbesteck für uns vorbereitet – aber wir hatten kaum Zeit und verließen den Ort leider viel zu schnell.

Begegnungen mit einem Ein-Fan-Konzentrat und Don Quijote

Mit dem Kraftakt am Abend zuvor hatten wir gegenüber unserer Rennplanung über 50 km gutgemacht. Trotzdem planten wir für den anstehenden Tag, an unserem ursprünglichen Etappenziel festzuhalten. Damit lagen an diesem Tag

»nur« etwa 350 km vor uns. Wir hofften, dass wir durch dieses »entspannte« Vorgehen die letzte eingeplante Nachtpause in Rouzerville/Pennsylvania auslassen könnten, um stattdessen in einem Rutsch bis nach Annapolis durchzufahren. Damit warteten jedoch insgesamt 657 km als Schlussetappe auf mich. Ob unsere Taktik wirklich klug war, bezweifle ich bis heute.

Es stand nun also zunächst die kürzeste Tagesetappe des gesamten Rennens an, um für die lange Schlussetappe, die am nächsten Morgen beginnen sollte, optimal erholt zu sein. Kurz nach 6:00 Uhr morgens ging es los. Wir hatten fast sechs Stunden pausiert. Als wir gegen 8:00 Uhr die vierzigste Kontrollstation in Hamilton/Ohio erreichten, war David Jones schon anderthalb Stunden voraus. Die Aufholjagd auf ihn wurde zu einem der Themen des Tages. Aber es sollten zwei andere Menschen sein, die diesen Tag für mich unvergesslich werden ließen.

Das erste Erlebnis bescherte mir ein völlig Unbekannter. Es war eine stumme Begegnung mit einem Hobby-Rennradfahrer, der mir auf einem einsamen Highway entgegenkam. Als er mich mit dem Pace-Car im Schlepptau kommen sah, bremste er ab, kreuzte seine Fahrbahn und blieb auf dem breiten grünen Mittelstreifen des Highways stehen. Dann fing er an zu klatschen, es wurden keine Worte gewechselt. Er wählte meinen Tretrhythmus, meinen persönlichen Beat – und es war höchst motivierend! Es brauchte keine Tausende jubelnder, den Straßenrand eng säumen-

der Fans, wie man sie von Bergankünften bei der Tour de France her kennt. Dieser eine Mensch, den ich nicht kannte und dem auch ich völlig unbekannt war, der für mich völlig unerwartet aus dem Nichts gekommen war und mein Tun mit dieser Geste würdigte, reichte aus, um diesen Augenblick für immer in mein Gedächtnis einzuprägen.

Bei dem anderen Menschen, der jenen Tag zu einem besonderen werden ließ, war allerdings mehr als eine Begegnung nötig, bis das Erlebnis seinen unvergesslichen Höhepunkt erreichte:

Julian Sanz Garcia wurde für mich an jenem Tag zum Inbegriff des Don Quijote, der sich gegen die Moderne auflehnte, um mit letzter Verzweiflung und Hingabe für die alten Werte zu kämpfen. Ich vermute, dass ihm neuzeitliche technische Hilfsmittel wie ein GPS-Navigationsgerät ein Gräuel sind. Bis zu jenem Tag war Garcia für mich weit weg, noch bis nach Colorado, in die Rocky Mountains hinein, kämpfte er weit vorne im Klassement um Platz zwei hinter dem führenden Robic, um auf einmal – völlig unerwartet – für mich zum Thema zu werden.

Garcia wurde von meinem Pace-Car angekündigt, als es schon langsam dunkel wurde. In weiter Ferne sah ich die blinkenden Lichter seines Teamfahrzeuges, denen ich mich langsam näherte. Doch gerade, als ich schon gut abschätzen konnte, wann ich ihn passieren würde, kündigte Markus eine Ausfahrt vom Highway an, die wir in etwa einer Meile zu nehmen hätten. Würde ich Garcia bis dahin noch erwischen? Ich tat es nicht, denn Garcia ignorierte die Ausfahrt und setzte seine Reise auf dem Highway fort. Ich war mehr als nur irritiert. Markus beruhigte mich, meine Gedanken waren nicht schwer zu lesen – wir seien auf dem richtigen Kurs, Garcia hätte die Ausfahrt verpasst. Dies war kurz vor Athens, der dreiundvierzigsten Kontrollstation.

Als wir Athens erreichten, war sein Wohnmobil zwar schon da, er selbst aber nicht zu sehen. Erst wenige Minuten später, als ich hörte, dass er angekommen sei, sah ich ihn vom Fenster unseres Wohnmobils aus auf einem Klappstuhl vor seinem Wohnmobil sitzen. Offiziell soll er fast eine Dreiviertelstunde vor mir die Kontrollstation in Athens erreicht haben. Entweder hatten wir verspätet oder seine Crew zu früh bei der Rennleitung unsere jeweilige Ankunft übermittelt. Was immer der

Grund dafür war, es hatte für das Rennen keine Bedeutung.

Ich sattelte wieder auf und bekam von meinem Team die Nachricht, dass Garcia sich auch schon längst wieder auf den Weg gemacht hatte. Noch knapp 50 km bis zu unserem Motel in Parkersburg lagen vor mir. Es war ein milder Abend, mit etwas über 20 °C ideal, um sich die nötige Bettschwere zu erarbeiten.

Wir erreichten Parkersburg, meine letzte Kontrollstation des Tages, kurz nach 21:00 Uhr. Garcia war nur wenige Minuten vor mir angekommen. Er sah sehr müde aus, abgespannt, hätte eine lange Pause nötig gehabt, die er sich jedoch nicht gönnte. Gemeinsam machten wir uns wieder auf den Weg. Für mich waren es nur noch wenige Kilometer bis zu unserem Motel.

Ich fuhr wenige hundert Meter hinter Garcia, als ich von Markus wieder das Sig-

Immer wieder wurden Werbeflächen lokaler Geschäfte zu unserer Aufmunterung umgestaltet. Ansonsten gab es eher wenig Anteilnahme der amerikanischen Öffentlichkeit.

nal bekam, dass eine Abzweigung bevorstand. Garcia folgte jedoch wieder seiner »eigenen« Route und fuhr geradeaus weiter. Vermutlich sah sein Begleitteam dann im Rückspiegel, dass wir einen anderen Kurs nahmen. Jedenfalls wendete er und folgte uns. Er wäre wohl sonst das zweite Mal in Folge in die falsche Richtung gefahren. Nun folgte er uns in weitem Abstand.

Von diesem Moment an genossen wir orientierungstechnisch das volle Vertrauen von Garcias Team! Wie sehr, sollte sich bei der nächsten Abzweigung herausstellen: Wir verließen den offiziellen Kurs, um unser nahe gelegenes Motel aufzusuchen – mit Garcia und Co. weiterhin im Schlepptau! Die Badewanne war schon gefüllt, und ich wollte soeben hineinsteigen, als ein sichtlich verwirrter Garcia in mein Motelzimmer blickte. Sollte er ein drittes Mal falsch gefahren sein? Seine Fahrt zu meinem Motelzimmer, in dem ich meinen RAAM-Pausenrekord weiter ausbauen würde, war zwar für uns lustig, für ihn aber vermutlich deprimierend: Auf ihn wartete eine lange, möglicherweise weiterhin orientierungslose Nacht auf dem Rad, auf mich ein heißes Bad und ein geruhsamer Schlaf!

Eine fast zu lange Nacht auf dem Weg zum Ziel

Wir legten eine Pause von siebeneinhalb Stunden ein, es wurde meine längste des gesamten Rennens. Inzwischen erreichte uns die Nachricht, dass Jure Robic die Ziellinie überquert hatte. Er sei von zwei Helfern von seinem Rad gehoben worden. Trotz seines enormen Vorsprungs von fast vierundzwanzig Stunden hatte Robic sich keine Pause gegönnt. Weshalb, war uns allen nicht klar, zumal er auch keinen Streckenrekord mehr aufstellen konnte, denn dazu war er nicht schnell genug unterwegs gewesen. Sein Vorsprung auf den an zweiter Stelle liegenden Engländer Mark Pattinson wurde am Ende nur noch um eine viereinhalbstündige Zeitgutschrift, die Pattinson erhalten hatte, geschmälert.

Aber das berührte uns alle wenig. Wesentlich interessanter für mein Team und mich war zu diesem Zeitpunkt, wo die unmittelbare Konkurrenz lag. Es waren zwar immer noch vor allem meine Motivatoren, doch nun hatte ich eine neue Zielsetzung! David Jones, den ich am Abend zuvor noch überholt hatte, war etwa 13 Minuten nach mir in Parkersburg angekommen. In Smithburg/West Virginia, der ersten Kontrollstation der letzten Etappe, lag er mittlerweile fast sechs Stunden vor mir. Garcia hatte sich sogar siebeneinhalb Stunden erarbeitet – daher schienen beide außer Reichweite zu sein: Das war der Preis für die lange nächtliche Pause!

Garcia lag in Smithburg an siebter Stelle, knapp hinter dem US-Amerikaner Scott McIntosh, aber noch vor David Jones. Ich war in der letzten Nacht auf den zehnten Platz gerutscht. John Schlitter aus den USA, der einzige RAAM-Solist, der auf einem Liegerad unterwegs war, lag mit nur einer halben Stunde Vorsprung auf Platz neun – und damit in Reichweite. Auch er hatte meine lange Pause genutzt, um mich zu passieren. Aufgrund der guten Aerodynamik sind praktisch alle Hochgeschwindigkeitsrekorde auf Liegerädern aufgestellt worden. Aerodynamik spielt jedoch in den Bergen kaum eine Rolle. Daher, so sinnierte ich, sollten die Vorteile eines Liegerads in den Appalachen, mit den vielen giftigen Anstiegen und Abfahrten, keinen Einfluss auf den Fortgang des Rennens haben. Ich war mir recht sicher, ihn an einem der nächsten Anstiege zu Gesicht zu bekommen.

Für mich hatte sich der Charakter des Rennens geändert; ich war mir ziemlich sicher, dass ich nun ohne größere Schwierigkeiten das Ziel erreichen und mir damit meinen Traum erfüllen würde. Es schien mir nun vertretbar, alles auszureizen, um noch eine gute Platzierung zu erzielen. Allerdings waren mit Ausnahme von Schlitter alle anderen Fahrer zu weit entfernt, als dass ich mir noch allzu viel vornehmen konnte – Horst ließ mich dies auch wissen: »Von hinten wird nicht mehr viel kommen, die sind alle sehr müde und werden kein hohes Tempo mehr fahren; und die vorne sind alle zu weit weg. Mach dir jetzt keinen Stress mehr – jetzt darf uns einfach nichts Dummes mehr passieren, dann haben wir es geschafft!«

Schlitter hatte fast seinen ganzen Vorsprung bis zur nächsten Kontrollstation in Grafton/West Virginia aufgebraucht. Nur noch zehn Minuten lag er vor mir. Garcia hatte auf diesen letzten 74 km seit Smithburg seinen Vorsprung auf mich weitgehend halten können. Nur etwa 30 Minuten konnte ich auf ihn gutma-

chen. Er lag immer noch sieben Stunden vor mir und hatte sich von Platz sieben auf den fünften Platz vorgearbeitet und dabei sowohl Martin Jakob als auch McIntosh überholt. Jones musste dagegen eine längere Tagpause eingelegt haben, denn sein Vorsprung war auf gerade einmal zwei Stunden geschrumpft. Ich lag immer noch auf Platz zehn.

Nicht unerwartet, überholte ich Schlitter am nächsten längeren Anstieg. Fast zweieinhalb Kilometer ging es mit sechs Prozent Steigung nach oben. Wir tauschten ein paar nette Worte, wünschten uns Glück, und das war es dann auch: Ich sollte ihn bis zum Ziel nicht mehr zu sehen bekommen. Berge sind nicht das ideale Terrain für ein Liegerad, das war offensichtlich, und es lagen noch einige steile Anstiege zwischen uns und der Ziellinie. Recht bald folgte ein achtprozentiger Anstieg über fast fünf Kilometer. Ich war mir sicher, dass ich hier weiteren Boden gutmachen würde. Horst war sichtlich begeistert: »Jetzt bist du zu Hause! Das ist dein Terrain!«

Ich erinnere mich noch gut daran, dass ich David Jones nach der Hälfte des langen Anstieges passierte. Er wirkte auf mich sehr gebrechlich, schien um viele Jahre gealtert. Ich konnte mir bei seinem Anblick nicht vorstellen, wie er das Ziel noch erreichen sollte. Aber er sollte mich überraschen! Mit unvorstellbarer Willenskraft bewegte er sich immer weiter. Als wir in Gormania/West Virginia nach insgesamt 4390 Kilometern die nächste Kontrollstation erreichten, lag ich auf Platz acht. Jones

Der Osten der USA wirkt landschaftlich
sehr mitteleuropäisch, doch die Briefkästen sind eindeutig amerikanisch.

kam etwa zehn Minuten nach mir an und legte wie wir eine Mittagspause ein. Schlitter auf seinem Liegerad war mittlerweile nur noch auf Platz zwölf.

Nach der Pause ging es weiter, mit zunächst nur kürzeren Aufs und Abs nach La Vale in Maryland. Auch Annapolis liegt in diesem Staat, ist sogar dessen Hauptstadt. Wir sollten Maryland jedoch bald wieder verlassen, um uns in einem größeren Bogen dem Ziel zu nähern. Bis La Vale konnte ich meinen achten Platz im Klassement behaupten. McIntoshs Vorsprung, am Morgen noch über neun Stunden, war inzwischen auf gerade einmal zweieinhalb Stunden geschmolzen. Garcia lag etwa eine weitere Stunde vor McIntosh, auf Platz sechs.

Auf dem Weg nach Hancock, Maryland, warteten vier Achtprozenter mit je etwa 300 Metern Höhendifferenz, die es zu überwinden galt. Insbesondere der letzte sollte es in sich haben, im Roadbook wurde er als »Walker« angekündigt. So wurden von der Rennleitung die besonders steilen Passagen in den Appalachen liebevoll genannt: Hier würde der eine oder andere sein Rad schieben. Ich bewegte mich, obwohl ich mich noch recht gut fühlte, nur noch in der kleinsten Übersetzung, 34/27, und selbst damit fuhr ich oft im Wiegetritt. Und dies war noch nicht der Walker, der sollte erst noch kommen.

Für diese extremen Anstiege in den Appalachen würde ich im Nachhinein sogar ein Dreifach-Kettenblatt mit einem 30er-»Rettungsring« oder, wie ich ihn zu nennen pflege, einen »Maria-Hilf-Kranz« empfehlen. Wie sollten die anderen, die noch hinter mir lagen, in ihrem zum Teil sehr schlechten Zustand darüber kommen? Ich erinnerte mich an die Worte von Daniel Rudge, der die Appalachen vom Vorjahr kannte, als er das RAAM erfolgreich als Teamfahrer bestritt. Nicht zu Unrecht fürchtete er die steilen Passagen.

Plötzlich und zu diesem Zeitpunkt völlig unerwartet, signalisierte uns Paul per Handy aus dem Wohnmobil, das schon vorausgefahren war, dass McIntosh am letzten Anstieg, kurz vor Hancock, in Schwierigkeiten sei. Ich war zu diesem Zeitpunkt an dem prophezeiten »Walker«, den ich auf keinen Fall mein Rad schiebend überwinden wollte. Da half nur mein zweites Mantra »When the going gets tough ...« und die Aussicht, McIntosh in absehbarer Distanz vor mir zu haben. Letztendlich konnte ich den Anstieg ohne allzu große Probleme hinter mich bringen.

Wir erreichten Hancock. Es war kurz vor Mitternacht, und die Temperatur war auf 17 °C abgefallen. Ich hielt zu diesem Zeitpunkt immer noch Platz acht. Vor eindreiviertel Stunden hatte McIntosh diese neunundvierzigste Kontrollstation passiert. Er lag damit praktisch in Reichweite. Und selbst Garcia mit nur noch dreieinhalb Stunden Vorsprung konnte ich zumindest theoretisch noch einholen. Noch am Morgen hatte ich auf dem zehnten Platz gelegen, und jetzt war auf einmal der sechste Platz denkbar. Ich war im Rennfieber. Was McIntosh anging, erwartete ich, dass ich drei bis vier Stunden benötigen würde, um ihn einzuholen. Und das war auch gut so, denn Vorfreude ist bekanntlich die größte Freude – und ich zog immer sehr viel Motivation aus meiner Rolle als »Jäger«. Aber es sollte anders kommen, denn schon nach etwa einer Stunde passierte ich McIntosh beim Anstieg auf einen weiteren »Walker«, der den Weg nach Rouzerville/Pennsylvania zu blockieren schien. McIntosh stand am Straßenrand und blickte mir völlig erschreckt ins Gesicht. Seine Crew arbeitete hektisch an seinem Rad. Auf meine Frage im Vorbeifahren, ob alles in Ordnung sei, bekam ich nur ein kurzes »We are okay« zur Antwort, und dann war der Spaß vorbei – und ein ernsteres Problem begann.

Auf Nachfrage teilte uns die Wohnmobil-Crew, die inzwischen Rouzerville erreicht hatte, mit, dass weder Garcia noch Jakob in Reichweite seien. Nun änderte sich das Spiel für mich. Ich musste ohne Motivatoren auskommen, denen ich nachjagen konnte; und noch schlimmer: Ich konnte von nun an nur noch meine Position halten, wurde damit selbst zum Gejagten!

Das hatte psychische Auswirkungen, auf die ich nicht vorbereitet war. Zum ersten Mal bei diesem Rennen hatte ich keine Strategie verfügbar, mit der ich die neue Situation bewältigen konnte. Es war mir klar, dass McIntosh mich nicht mehr einholen würde, solange ich mein Tempo hielt – aber aus einem »Nur-ihm-Davonfahren« konnte ich keine Motivation schöpfen. Als mir mein Begleitteam noch mitteilte, dass McIntosh eine Zeitgutschrift von einer Stunde und vierzig Minuten aufgrund eines Überfalls von Hooligans bekommen hatte, musste ich mindestens zwei Stunden und zehn Minuten auf ihn herausfahren, nur um meinen inzwischen siebten Platz zu halten. Schließlich hatte

Ein typisches Bild entlang der Getreide-Transportwege der Great Plains, der amerikanischen Kornkammer.

ich ja noch meine beiden Zeitstrafen im Gepäck. Ich fühlte mich zum ersten Mal beim RAAM gehetzt.

Ich wollte wieder ins alte Schema zurück. Auch überkam mich eine enorme Müdigkeit. Nach meinem ursprünglichen Plan war in Rouzerville, der nächsten Kontrollstation, eine lange Schlafpause vorgesehen. Aber sollte ich McIntosh wieder an mir vorbeiziehen lassen, so kurz vor dem Ziel? Der Schlafdrang wurde immer überwältigender, ich brauchte dringend eine Pause. Zum ersten Mal beim RAAM fielen mir nun immer wieder die Augen zu: Sekundenschlaf. Ehrgeiz oder Vernunft, das war die Frage. Ich rief das Pace-Car zu mir: »Ich muss schlafen! Wo ist das Wohnmobil?« – Wohnmobil sei jetzt nicht mehr möglich, so die Auskunft meines Teams. Es sei zu weit weg, zudem würde ich das Bett vermutlich nicht mehr verlassen wollen. »Lass' uns das Ding zu Ende bringen!«, forderte Markus mich auf. ›Klar‹, dachte ich, ›die sind zwar auch alle müde, sehen aber schon das Ziel vor Augen. Wieso also noch eine Pause einlegen?‹ Ich konnte es jedoch nicht sehen, denn mir fielen die Augen zu.

Ich hatte die ernste Befürchtung, jetzt irgendwo gegen zu fahren – und dann würden wir das Ziel überhaupt nicht mehr erreichen. Bis dato hatte ich kein einziges Mal geklagt. Nun wurde ich ungehalten. Horst merkte im Nachhinein an: »Da warst du zum ersten Mal menschlich ...!« Der kurze, konfliktreiche Stopp belebte mich wieder, und so erreichten wir nach einer mir endlos vorkommenden halben

Stunde Rouzerville/Pennsylvania – die fünfzigste Kontrollstation. Ich stieg sofort ins Wohnmobil und wollte mich nur noch hinlegen. Nun hatten wir fast die gleiche Diskussion wie noch knapp eine Woche zuvor – nur mit umgekehrten Vorzeichen: Damals wollte ich die Nacht durchfahren, musste aber mein Team überreden. Nun wollte ich wieder zurück ins alte Schema – und eine lange Nachtpause einlegen. Wir einigten uns auf einen Kompromiss: Nur eine halbe Stunde Schlaf, und von nun an würde das Wohnmobil für den Notfall immer in der Nähe sein. In Annapolis könne ich dann so lange schlafen, wie ich wolle, meinten Horst und Markus. Auch ich war in diesem Moment überzeugt, dass die noch verbleibenden 210 km bis ins Ziel mit dieser kurzen Pause machbar sein sollten. ›Schließlich ist das ja ein Rennen‹, ging es mir durch den Kopf, ›und kein Trainingslager, da darf man ja mal et was über das Limit gehen.‹ Horst kannte mich auch gut aus vielen früheren Rennen: »Sobald die Sonne aufgeht, bist du wieder der Alte!«

Ich hatte mich durch die kurze Schlafpause wieder gut erholt – und die Sonne ging auf! Wieder aus dem Schattenreich entflohen, in welches mich mein akuter Schlafentzug gebracht hatte, dachte ich darüber nach, weshalb ich zum ersten Mal beim RAAM mit meinem Team gehadert hatte. Es hatte mich eine enorme Energie gekostet, mich nicht dem überwältigenden Drang hinzugeben, einfach die Augen zu schließen, um ins Reich der Träume abzutauchen. Die mentale Beanspruchung

Kontrollstation 52 bei Mount Airy, Maryland, wenige Meilen vor dem Ziel. Hier musste ich in der »Penalty Box«, also einer symbolischen Gefängniszelle, meine halbstündige Strafzeit absitzen.

war in jenem Moment wesentlich größer als die physische! Ich war froh, dass mich mein Team noch vor wenigen Tagen davon überzeugt hatte, meine Strategie so lange wie möglich beizubehalten, um weiterhin meine geregelten Nachtpausen für die körperliche, aber vor allem mentale Regeneration zu nutzen. Nun konnte ich zum ersten Mal in Ansätzen erahnen, wie enorm die Anstrengung der anderen Solofahrer sein musste. Sie kämpften gegen eine kontinuierlich schlechter werdende Physis unter der Qual eines chronischen Schlafmangels – wie ich ihn soeben in akuter Form erfahren hatte.

Diese Erfahrung erklärte auch meine Gereiztheit, die ich dann leider auf mein Team übertrug. Bisher war die Stimmung im Team meist sehr gut, trotz aller Belastung. In diesem Moment drohte sie zu kippen, und ich hatte es provoziert. Ich würde mich entschuldigen, dachte ich, sobald wir alle beim nächsten Pausenstopp wieder zusammen sein würden – und mit diesem Gedanken beruhigte ich mich dann auch selbst wieder.

Was nun folgte, sollte für mich der ergreifendste Abschnitt des gesamten RAAM werden. Eine Weile dachte ich, dass die Szenerie nur deshalb so stark auf mich wirkte, weil ich emotional etwas angeschlagen war. Aber auch Horst, Markus und Annette teilten meine Gefühle, als wir durch das bekannteste Schlachtfeld des amerikanischen Bürgerkriegs fuhren, den Gettysburg National Historical Park.

Überall stiegen im Licht der aufgehenden Sonne rot angestrahlte Nebelschwaden auf – jede einzelne könnte die Seele eines der zigtausend auf diesen Fel-

Das einzige lädierte Teil nach über
4800 km war mein Sattel.

dern verstorbenen Soldaten sein, ging es
mir durch den Kopf. Ich traute mich
kaum zu atmen. Das Gelände war glücklicherweise leicht abschüssig, denn ich
hätte keine Kraft zum Treten aufbringen
können. Kanonen, primitive hölzerne
Schutzwälle und steinerne Monumente
erinnerten an den erbitterten Kampf.
Es war unheimlich. Soweit ich blicken
konnte, Nebelschwaden in bizarren Formen und Farben, die ich wie lebende Or-
ganismen wahrnahm.

Kurz vor 7:00 Uhr morgens erreichten wir Hanover/Pennsylvania, und mich
beschäftigte vor allem eine Frage: Wo ist
Garcia? Wir hatten ihn nicht überholt, und
trotzdem lag er hinter uns. Im Nachhinein
glaube ich, dass Garcia beim RAAM 2008
einen »New Mileage Record« aufgestellt
haben könnte. Welche Umwege er fuhr,
wird nicht mehr herauszufinden sein. Ich
vermute, dass Garcia kein GPS-System an

Bord seines Pace-Cars hatte. Der Spanier
kämpfte mit veralteten Mitteln – wie Don
Quijote, nur dieses Mal auf einem Draht-
esel. Er wurde für mich zum tragikomi-
schen Held dieses Rennens.

Ich nutzte die kurze Frühstückspause,
in der es zum letzten Mal meine RAAM-
Leibspeise, French Toast à la Sabine gab,
um mich beim Team für meinen Ausfall
zu entschuldigen. Alle schienen mir etwas
betreten, das hatten sie wohl nicht erwartet – und vielleicht auch nicht für
nötig empfunden.

Es waren nun noch 149 km bis ins Ziel,
eine Kleinigkeit, wenn man sich vor Augen
hält, dass wir 4676 km in den letzten zehn
Tagen gefahren waren. Aber so denkt man
nicht. Man denkt in kleinen Schritten. So
wollte ich nur wissen, wie weit es noch
bis zur nächsten Kontrollstation sei: »nur«
59 km, eine überschaubare Distanz. Es ging
nach Mount Airy/Maryland, der vorletzten
Kontrollstation mit der »Penalty Box« –
dem ominösen Gefängnis, über das wir oft
scherzten und in dem ich meine Zeitstrafen würde absitzen müssen: Dort warteten
dreißig Minuten Schlaf auf mich!

Als ich mich wieder auf den Weg machte, erreichte Garcia die Kontrollstation. Er
stellte zu diesem Zeitpunkt jedoch keine
ernsthafte Gefahr für meine Platzierung
mehr dar, da er so aussah, als ob er erst
einmal eine längere Pause benötigte. Wie
Horst vorhergesehen hatte, stieg mit der
aufgehenden Sonne auch meine Stimmung
und infolgedessen meine Leistungsfähigkeit. Nicht mehr lange und mein Traum
vom Finish beim Race Across America

sollte in Erfüllung gehen! Mein Team ermunterte mich, jeden Moment zu genießen. Ich ließ die letzten zehn Tage in Gedanken Revue passieren. Aber schon in jenem Augenblick konnte ich kaum begreifen, wie wir es gemeinsam bis hierher geschafft hatten – was für eine Teamleistung!

Wir hatten einen guten Plan, eine erfolgreiche Strategie und – vor allem – das nötige Glück, das man braucht, um ein solches Abenteuer zu bestehen. So vieles hätte schief gehen können, an jeder Ecke lauerte eine Gefahr. Ich dachte an den Koffer, den Sabine und Hermann auf einer Straße mitten in Amerika hatten liegen sehen. Er sähe aus wie einer von unseren, meinte Hermann – und es war einer der unseren! Markus hätte vor großen Problemen gestanden, denn alle seine Wertsachen befanden sich darin. Da lag er nun, das Schicksal ließ die beiden nach einem Stopp, um das Abwasser zu entsorgen, ein Stück desselben Weges zurückkehren und den Koffer finden, der unbemerkt aus dem schlecht schließbaren Stauraum des Wohnmobils gefallen war. Eine Geschichte von vielen, mit denen ich hier die Seiten füllen könnte. Und alle haben sie den gleichen Tenor: Wir hatten auch das nötige Glück, wenn wir es brauchten.

So haben mich die schlechten Burritos in den ersten Tagen gebremst, was vielleicht gut war, aber nicht mein Weiterkommen verhindert. So hat sich Annette zwar verletzt, aber wir konnten weitermachen – und waren von da an vorsichtiger: Wer weiß, ob wir damit möglicherweise Schlimmeres verhindern konnten. Diese Ereignisse lehrten uns Demut, was sehr wichtig war. Da mir das RAAM um einiges leichter zu fallen schien als den Mitstreitern, die wir unterwegs zu Gesicht bekamen oder deren Horrorgeschichten wir vernehmen mussten, hätten wir leicht überheblich werden können. Das wäre der Anfang vom Ende gewesen. Da war ich mir völlig sicher.

Horst meldete sich über den Lautsprecher des Pace-Cars: »Wir haben beschlossen, dass ein Teil des Teams ans Ziel vorausfährt, um sämtliche Tretboote zu verstecken!« Und erklärend fügte er noch hinzu: »Einige haben nämlich die Befürchtung geäußert, dass du noch weiter fahren möchtest – aber am Atlantik wird definitiv Schluss sein!« Diese Bemerkung – als Witz getarnt – traf den Kern meines Denkens. Und ich glaube, Horst war sich dessen bewusst: Der Gedanke, dass mein Traum zu Ende gehen sollte und dass ich wieder würde aufwachen müssen, stimmte mich melancholisch. Ich wollte nicht aufwachen, ich wollte eigentlich gar nicht das Ziel erreichen. Der Weg ist das Ziel, das war schon immer so – und Annapolis konnte nur ein Punkt auf diesem Weg sein. Nur dass ich ab dort den weiteren Weg selbst würde finden müssen, denn dafür war noch kein Roadbook geschrieben! Zumindest keines, das ich meinem Begleitteam in die Hand drücken konnte. Und dieser Gedanke machte mir Sorge – ein einfaches Zurück auf die alten Pfade konnte es nämlich auch nicht mehr geben.

Zudem ging es mir körperlich besser als jemals zuvor, gefühlt ging meine Formkurve während des Rennens stetig aufwärts – ich hätte noch lange weiterfahren können. Es gab daher keine Qual, die ich mit der Zieleinfahrt hätte beenden wollen. Ganz im Gegenteil, ich war für zehn Tage König in einem selbst erschaffenen Reich. Einem Königreich von Nomaden.

Einige der »Gefängniswärter« bei Mount Airy sprachen Deutsch und waren sichtlich begeistert, uns zu empfangen. Sie waren auch etwas ungläubig, als sie sahen, in welch guter Verfassung ich war. Ich ging sofort ins Wohnmobil und nahm meine dreißig Minuten Zeitstrafe, die ich nun absitzen musste, als gute Gelegenheit, eine Schlafpause einzulegen. Ich schlief jedoch nur verzögert ein. Trotz der nun 531 km, die wir seit gestern morgen unterwegs waren, konnte ich vor lauter Aufregung, bald am Ziel zu sein, nicht die nötige Ruhe finden.

Markus brachte die Zielkleidung – ich musste das Trikot mit dem aufgenähten RAAM-Emblem tragen – ins hintere Abteil des Wohnmobils: Zeit zum Aufstehen! Horst war schon ganz unruhig, ich war schon länger als nötig an dieser Kontrollstation, die Strafe war schon längst abgesessen. Er blickte nervös auf die Uhr, als ich das Wohnmobil verließ: »Wir sollten uns beeilen, es wäre doch zu schade, wenn wir nicht unter elf Tagen bleiben würden.« Aber das sollte dann auch kein Problem mehr werden.

Ich verabschiedete mich von meinen »Wärtern« und wie schon an der vorigen Kontrollstation kam genau in diesem Augenblick Garcia angefahren. Da er aber noch eine einstündige Zeitstrafe abzusitzen hatte, konnte er mich nicht begleiten. Allerdings hatte er, so wie McIntosh, eine Zeitgutschrift. Garcia hatte eine Stunde und fünfzehn Minuten gut, deren Hintergrund wir nicht in Erfahrung brin-

Geschafft!

Am Ziel: fit, unbeschadet und guter Dinge. Hätte ich glücklicher sein können?

gen konnten. Theoretisch lagen beide noch vor mir im Klassement, wenn ich nicht mindestens um diese Zeit vor Garcia bzw. eine Stunde und vierzig Minuten vor McIntosh das Ziel erreichen würde. Ich hatte also doch noch etwas Druck und ärgerte mich ein wenig darüber, dass wir jetzt, so kurz vor Schluss, mehr Zeit als nötig bei Mount Airy pausiert hatten: Es sollte sich rächen.

Wir erreichten Odenton/Maryland, die letzte Kontrollstation. Bis zum Ziel, das sich, was das Klassement betraf, nicht an der Pier im Hafen von Annapolis, sondern in einer Shopping Mall befand, waren es noch weitere 16 km. Ab hier würde die Reihenfolge der Fahrer nicht mehr verändert, und wir würden ab der Mall die letzten vier Kilometer bis zur Pier in Annapolis von Officials eskortiert werden.

Auf dem riesigen Parkplatzgelände des Einkaufszentrums mussten wir unsere »Eskorte« aber erst einmal finden. Das kostete uns einige Minuten. Noch mehr Zeit ging ins Land, bis der Official begriff, dass ich ein RAAM-Teilnehmer war. Ich war nach dem Schläfchen in meiner »Zelle« bei Mount Airy wieder ziemlich frisch. Unsere »offizielle« Ankunftszeit wurde daher im Nachhinein noch diskutiert, und ich frage mich bis heute, ob ich nicht rein willkürlich drei Minuten hinter Scott McIntosh platziert wurde, der erst weit über anderthalb Stunden nach mir eintraf.

Ob ich am Ende Sechster oder nach der ganzen Rechnerei nun Siebter war, ist eigentlich nicht sonderlich wichtig. Es sah leider nur so aus, als wenn McIntosh gerade einmal drei Minuten vor mir die Ziellinie überquert hätte. Tatsache war jedoch, dass ich ihn Hunderte von Kilometern zuvor an einem langen Anstieg in den Appalachen überholt hatte. Wirklich wichtig war für mich aber nur, dass wir das Ziel erreicht hatten. Es war ein großes Gefühl, obwohl ich eine gewisse Melancholie nicht völlig verbergen konnte.

Man muss leider auch sagen, dass sich die RAAM-Leitung schwer tat, Stimmung in den Zielbereich zu zaubern. Nur wenige Zuschauer waren anwesend. Man hätte sie an den Fingern abzählen können. Die meisten waren, wie schon am Start in Oceanside, Mitglieder von größeren Teams, die selbst gefahren waren, oder deren Betreuer. Ich wurde auf eine Bühne gebeten und hatte einige Fragen zu beantworten. Ich dankte vor allem meinem Team und versuchte der netten Frau zu erklären, dass auch ein Solofahrer Spaß beim Durchqueren der USA haben könne: Ich sei ein Beispiel dafür. Ich glaube aber nicht, dass sie mich verstehen konnte, denn dies war ja schließlich das Race Across America, das härteste Radrennen der Welt!

Glückliches Fazit: Die Strategie ging auf! Müde, aber nicht völlig erschöpft haben wir gemeinsam das Ziel erreicht – eine Wahnsinns-Teamleistung!

Die harten Fakten zum Schluss

Rang	Startnummer – Name	Finales Resultat	Strecke zurück-gelegt	Zeit insge-samt	Zeit-strafe	Zeit-gut-schrift	Geschwin-digkeit im Durchschnitt	Kate-gorie
(alle Kategorien)	Land		Kilometer	dd:hh:mm	h:mm	h:mm	km/h	
1	141 – Jure Robic Slowenien	Finisher	4823,04	08:23:33	0:15	0:00	22,37	Männer < 50
2	138 – Mark Pattinson England	Finisher	4823,04	09:17:29	0:00	4:35	20,66	Männer < 50
3	129 – David Hasse USA	Finisher	4823,04	09:23:19	0:00	0:00	20,16	Männer < 50
4	139 – Franz Preihs Österreich	Finisher	4823,04	10:08:14	0:15	0:00	19,42	Männer < 50
5	130 – Martin Jakob Schweiz	Finisher	4823,04	10:19:59	0:00	0:00	18,54	Männer < 50
6	134 – Scott McIntosh USA	Finisher	4823,04	10:22:53	0:00	1:40	18,35	Männer < 50
7	136 – Dr. Michael Nehls Deutschland	Finisher	4823,04	10:22:56	0:30	0:00	18,34	Männer < 50
8	126 – Julian Garcia Spanien	Finisher	4823,04	10:23:37	1:00	1:15	18,29	Männer < 50
9	144 – John Schlitter USA	Finisher	4823,04	11:02:50	0:00	0:00	18,08	Männer Liegerad 50–59
10	132 – Arvid Loewen Kanada	Finisher	4823,04	11:03:19	0:00	0:00	18,05	Männer 50–59
11	131 – David Jones USA	Finisher	4823,04	11:03:25	0:00	1:40	18,03	Männer 50–59
12	133 – Doug Levy USA	Finisher	4823,04	11:04:59	0:00	0:00	17,94	Männer 50–59
13	140 – Jim Rees England	Finisher	4823,04	11:08:18	0:00	0:00	17,71	Männer < 50
14	137 – Julio Paterlini Italien	Finisher	4823,04	11:14:25	1:15	1:00	17,33	Männer < 50
15	123 – Timothy Case USA	Finisher	4823,04	11:18:24	0:00	0:00	17,07	Männer < 50
16	124 – Ryan Correy Kanada	Finisher	4823,04	11:21:44	0:00	0:00	16,88	Männer < 50
17	145 – Eris Zama Italien	Finisher	4823,04	11:22:00	0:15	0:00	16,86	Männer 50–59

Finale Platzierungen aller RAAM-Solisten in allen Kategorien: die Finisher 2008

Rang	Startnummer – Name	Finales Resultat	Strecke zurück-gelegt	Zeit insge-samt	Zeit-strafe	Zeit-gut-schrift	Geschwin-digkeit im Durchschnitt	Kate-gorie
(alle Kategorien)	Land		Kilometer	dd:hh:mm	h:mm	h:mm	km/h	
1	111 – Caroline van den Bulk Holland / Kanada	DNF – zu langsam	4735,36	12:21:10	1:00	1:30	15,31	Frauen
2	112 – Janet Christiansen USA	DNF – medizinisch	4390,08	11:10:47	0:00	0:00	15,98	Frauen
3	142 – Daniel Rudge England	DNF – medizinisch	3445,12	08:06:22	0:00	0:00	17,36	Männer < 50
4	125 – Benny Furrer Schweiz	DNF – medizinisch	2966,72	07:01:04	0:15	0:00	17,55	Männer 50–59
5	135 – Rob Morlock USA	DNF – medizinisch	2098,88	04:21:21	0:00	0:00	17,89	Männer < 50
6	122 – Stephan Bugbee USA	DNF – zu langsam	1795,04	05:01:41	1:00	0:00	14,75	Männer 50–59
7	146 – David R. Holt USA	DNF – medizinisch	1573,12	03:06:41	0:00	0:00	20,00	Männer 50–59
8	127 – Kirk Gentle USA	DNF – medizinisch	1230,56	02:21:39	0:00	0:00	17,66	Männer 50–59
9	143 – Richard Rupp USA	DNF – Unfall	1230,56	03:00:21	0:00	0:00	17,01	Männer 60–69
10	128 – Gerhard Gulewicz Österreich	DNF – Unfall	900	01:08:58	0:00	0:00	27,30	Männer < 50

Finale Platzierung aller RAAM-Solisten in allen Kategorien: Die DNFs mit den zum Zeitpunkt der Aufgabe zurückgelegten Kilometern.

Die Tabelle oben zeigt die gefahrene Distanz der Finisher und der Fahrer, die das Rennen vorzeitig aufgeben mussten (DNF), mit den jeweiligen Gründen für die Aufgabe. Die Fahrzeit ist in Tagen (dd), Stunden (hh) und Minuten (mm) angegeben, diese beinhaltet auch die jeweiligen Zeitstrafen und Zeitgutschriften, die wiederum in Stunden (h) und Minuten (mm) separat ausgewiesen sind. Aus der zurückgelegten Strecke und der gesamten Fahrzeit leitet sich die durchschnittliche Geschwindigkeit der Fahrer ab; diese schließt sämtliche Pausen mit ein.

Daten und Fakten zum RAAM 2008

• Distanz: 4823 km

• Höhenmeter kumulativ: etwa 30 000 hm
• Gesamtzeit (brutto, d. h. inkl. aller Pausen): 10 d 22 h 56 min (etwa 263 h)
• Durchschnittliche Tagesdistanz: 440 km
• Durchschnittsgeschwindigkeit brutto: 18,34 km/h
• Reine Fahrzeit (»netto«): 172 h
• Pausen insgesamt/davon geschlafen: 91 h/45 h
• Durchschnittsgeschwindigkeit netto: 28,04 km/h
• Pedalumdrehungen insgesamt: 705 296
• Durchschnittliche Leistung: 140 Watt
• Gewicht (am Start/am Ziel): 77 kg/74 kg

- Alter/Körpergröße: 45 Jahre/180 cm
- Grundstoffwechsel/Tag (BMR) entspricht: 66 + 13,7 x Gewicht/kg + 5 x Größe/cm - 6,8 x Alter/Jahre = 1674 kcal/d
- Energie-Output (EO nach SRM) RAAM gesamt: 89 530 kJ = 21 380 kcal
- Wirkungsgrad (geschätzt): 23 %
- Energiebedarf RAAM gesamt (daraus errechnet) EO (kcal)/ Wirkungsgrad plus 11 Tage x BMR = 108 168 kcal (RAAM total)
- Energiebedarf pro Tag: 9834 kcal/d
- Nahrungsaufnahme pro Tag (etwa): 6500 kcal/d; Defizit von insgesamt 30 000 kcal (geschätzt) erklärt den Gewichtsverlust!
- Getränkeaufnahme durchschnittlich: 14,1 Liter/d bei 15,6 h/d Fahrtzeit
- Herzschläge auf dem Rad, insgesamt: 1 188 370
- Durchschnittspuls: 115 Schläge/min

Die Grafik unten zeigt die aus den SRM-Daten hochgerechnete Leistungsfähigkeit über die 18 Aufzeichnungsintervalle (Streckenabschnitte des RAAM, siehe Tabelle unten). In Summe umfassen diese Abschnitte annähernd die komplette Strecke des RAAM 2008. Der erste Abschnitt beginnt am Start des Einzelzeitfahrens und endet kurz vor Brawley. Ab dort beginnt die Aufzeichnung des zweiten Abschnittes, die in Congress, Kontrollstation fünf (TS5, bzw. Time Station 5, siehe Tabelle unten) endet, usw. Die achtzehnte Aufzeichnung endet am Ziel in Annapolis.

Schön zu sehen ist die Entwicklung meiner Leistungsfähigkeit bei einem Puls von 150/Minute (obere Kurve), wobei die Werte in den ersten Tagen des RAAM aufgrund des Darm-Infektes und der Hitze in der Mojave-Wüste vermutlich erniedrigt sind. In den letzten Tagen wird die Herzleistung wieder ökonomischer, da bei einem Puls von 150 Schlägen pro Minute recht stabil höhere Leis-

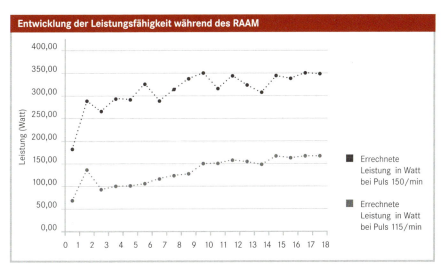

Entwicklung der Leistungsfähigkeit während des RAAM

tungen abgerufen werden konnten. Die untere Kurve zeigt die Leistungswerte bei einem Puls von etwa 115: eine vergleichbare Entwicklung der Leistungsfähigkeit bei entsprechend niedrigeren Leistungswerten.

Etwa zwei Wochen nach dem RAAM 2008 konnte ich diese positive Entwicklung, die einen gewissen Trainingseffekt suggeriert, bestätigen, als ich eine persönliche Bestzeit auf meiner Hausstrecke (12 km und etwa 1000 Meter Höhendifferenz) fuhr. Ich war etwa zwei Minuten schneller als noch drei Wochen vor dem RAAM 2008 und erbrachte eine um etwa 10 Watt höhere Leistung.

Die 18 SRM-Aufzeichnungsintervalle von Kontrollstation zu Kontrollstation (Time Station, TS) entsprechen in Summe fast der gesamten RAAM-Strecke. Insgesamt wurden 4756 km der 4823 km aufgezeichnet. Grund für die Differenz ist das Fehlen der Rennabschnitte, in denen ich mit dem Auto mitgenommen wurde bzw. das Plasma-Zeitfahrrad testete.

Die benötigte reine Fahrzeit in Stunden (h) und Minuten (min) sowie die jeweilige Distanz ist angegeben. Daraus errechnet sich die Geschwindigkeit für den Abschnitt (netto). Der Energie-Output (kJ) ergibt sich aus der Leistung (Watt) über die Zeit. Dieser entspricht aber nur der ge-

SRM-Aufzeichnung	Zeit (h)	Zeit (min.)	Dis-tanz km	Netto km/h	Energie Output kJ	Watt	Puls	PWC 150	Leis-tung (Watt)	Cadence pro min	Total Cadence	Herz-schläge pro min
Nach Borrego Springs (kurz vor Brawley)	7,00	46,00	157,75	25,25	3449,00	153,30	142,00	182,60	151,10	70,50	32853,00	142
Congress (TS5)	12,00	57,00	368,50	28,45	6934,00	148,80	127,00	288,40	148,30	79,20	61538,40	127
Prescott (TS6)	3,00	42,00	90,00	24,42	1882,00	140,90	125,30	265,90	138,10	63,20	14030,40	125
Flagstaff (TS8)	5,00	43,00	132,36	23,69	2937,00	146,00	126,00	292,40	143,40	65,10	22329,30	126
Kayenta (TS10)	9,00	25,00	312,80	33,13	3918,40	115,60	117,60	289,00	115,60	63,80	36047,00	118
Cortez (TS13)	5,00	48,00	142,63	26,88	2471,30	129,40	120,40	326,50	124,30	63,10	21958,80	120
Taos (TS18)	15,00	21,00	438,79	28,57	7784,30	140,80	119,70	287,90	140,80	68,10	62720,10	120
Abbott (TS20)	6,00	45,00	195,90	29,01	3100,00	127,50	114,30	316,10	125,90	64,40	26082,00	114
37 km vor Elkhart (TS22)	5,00	26,00	194,00	35,68	2552,00	130,40	113,80	338,60	130,40	71,10	23178,60	114
Plains (TS23)	9,00	23,00	261,00	27,80	5078,00	150,30	114,80	351,10	150,30	78,00	43914,00	115
Kingman (zwischen TS25 und TS26)	6,00	54,00	199,30	28,84	3653,00	146,90	111,50	315,30	146,90	78,80	32623,20	112
Fort Scott (TS29)	9,00	43,00	294,30	30,28	5324,00	152,10	112,60	344,50	152,10	73,00	41626,20	113
Wheatland Hotel (zwischen TS30 und TS31)	3,00	20,00	87,90	26,31	1628,00	135,40	109,10	327,10	135,40	71,40	14280,00	109
Greenville (TS35)	15,00	2,00	440,00	29,25	7569,00	139,80	114,40	306,80	139,40	67,40	60794,80	111
Brokville Inn (zwischen TS39 und TS40)	15,00	25,00	450,50	29,20	8184,00	147,40	108,60	345,10	147,40	70,00	64750,00	109
Parkersburg (TS44)	12,00	36,00	335,10	28,25	6308,00	139,00	106,20	335,10	139,00	67,50	51030,00	106
Hancock (TS49)	14,00	57,00	364,90	24,40	8027,00	149,10	108,80	349,50	149,10	61,30	54986,10	109
Annapolis	11,00	38,00	289,90	24,89	5722,00	136,50	105,20	348,00	135,00	58,10	40553,80	105

Leistungswerte der Aufzeichnungsabschnitte mit SRM-Technologie

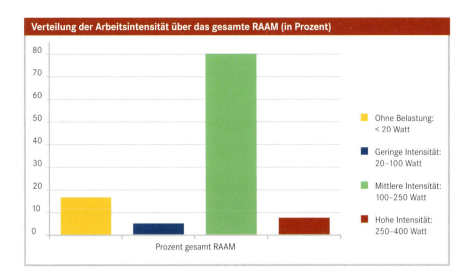

Verteilung der Arbeitsintensität über das gesamte RAAM (in Prozent)

- Ohne Belastung: < 20 Watt
- Geringe Intensität: 20–100 Watt
- Mittlere Intensität: 100–250 Watt
- Hohe Intensität: 250–400 Watt

Prozent gesamt RAAM

leisteten Arbeit. Um den Kalorienbedarf zu errechnen, müssen, von kJ auf kcal umgerechnet, der persönliche Wirkungsgrad und der Grundumsatz einkalkuliert werden (siehe oben)!

Die PWC150-Werte entsprechen der Predicted Work Capacity und sind ein Maß für die aus den SRM-Daten errechnete Leistungsfähigkeit (in Watt) bei einem Puls von 150 für den jeweiligen Aufzeichnungsabschnitt. Höhere Werte entsprechen im Allgemeinen einer höheren Fitness: Diese Daten bilden die Basis für die obere Kurve der Grafik über meine Leistungsentwicklung (siehe oben).

Die »Total Cadence« gibt die gesamte Anzahl der Kurbelumdrehungen an. Geteilt durch die reine Fahrzeit (in Minuten) ergibt sich die durchschnittliche Drehzahl für die jeweilige Strecke. Hier sind auch die Zeiten eingerechnet, in denen ich nicht getreten habe (z. B. bei Abfahrten), daher sind die Werte erheblich niedriger als die Umdrehungen pro Minute, wenn tatsächlich getreten wurde!

Das SRM-System zeichnet auch sämtliche Herzschläge während der Fahrt auf. Diese geteilt durch die Fahrzeit ergibt den angegebenen durchschnittlichen Puls.

Wie aus der Grafik »Verteilung der Arbeitsintensität über das gesamte RAAM« (s. oben) schön zu ersehen ist, fuhr ich den größten Teil des Rennens (etwa 77 %) im »grünen« Bereich von 100–250 Watt. Die durchschnittliche Leistung über das gesamte Rennen lag in etwa bei 140 Watt. Da die Leistung, wenn ich nicht pedaliere, bei oder nahe bei Null liegt (< 20 Watt: etwa 15 % des RAAM, das entspricht in etwa 26,5 Stunden), muss die Leistung für die Zeit, wenn ich pedaliere, deutlich über 140 Watt liegen. Sie liegt bei etwa 165 Watt! Nur wenig Zeit (4,48 Prozent der insgesamt 172 Stunden) fuhr ich bei hoher Intensität (bei Leistungswerten über 250 Watt) oder bei geringer Intensität: 3,34 Prozent.

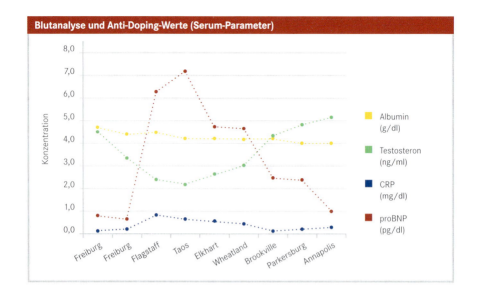

Blutanalyse und Anti-Doping-Werte (Serum-Parameter)

Konzentration

Freiburg · Freiburg · Flagstaff · Taos · Elkhart · Wheatland · Brookville · Parkersburg · Annapolis

Albumin (g/dl)

Testosteron (ng/ml)

CRP (mg/dl)

proBNP (pg/dl)

Blutproben wurden vor dem RAAM am 25. März und 23. Mai in Freiburg wie auch an den angegebenen Orten während des RAAM morgens abgenommen und gefroren konserviert. Alle Proben wurden danach in Freiburg gemeinsam analysiert.

Wie die Grafik (oben) zeigt, sind die Werte des Albumins, eines wichtigen Proteins des Blutes, während des ganzen Rennverlaufs unverändert. Damit lässt sich ein starker kataboler Stoffwechsel oder ein mangelhafter Flüssigkeitshaushalt ausschließen. Das Testosteron fällt unter der anfänglichen Belastung sowohl in der harten Endphase der Vorbereitung (23. Mai 2008) als auch während der Anfangsphase des RAAM ab, um aber gegen Ende des Rennens wieder auf Normalwerte zurückzukehren.

Umgekehrt dazu verhält sich das C-Reaktive Protein (CRP), ein klassischer Marker für akute Entzündung, sprich:

eine Aktivierung des Immunsystems. Höchste Werte wurden in Flagstaff gemessen. Ab Taos beginnt eine Erholung. Schon in Wheatland (nach 2900 km) sind fast wieder Normalwerte und somit eine vollständige Erholung nach dem Darminfekt erreicht. Auch eine Anpassung an die dauerhafte sportliche Belastung könnte dort schon erfolgt sein.

Eine Erhöhung der Vorstufe von Brain-Natriuretic-Peptide (proBNP) im Blut kann auf eine Herzmuskelerkrankung hinweisen. Insbesondere dann, wenn sie im Ruhezustand, das heißt ohne Belastung, auftritt. Unter Belastung steigt die Blut-Konzentration von proBNP jedoch auch natürlich! Die Gründe für diesen Anstieg sind noch weitgehend ungeklärt, es werden in der Fachwelt physiologische Reparatur-Prozesse, Anpassung an die erhöhte Beanspruchung, Zellschutzmechanismen und adaptive Wachstumsregulierung diskutiert. Höchste Werte sind in Flagstaff und in den darauffolgenden Tagen zu verzeichnen. Aber noch während des Rennens kehren die Werte wieder auf ein normales Niveau zurück. Dieses Verhalten lässt auf eine weit reichende Anpassung an die Belastung des RAAM schließen.

Insgesamt deuten die gemessenen Werte darauf hin, dass die sportliche Belastung und der Infekt in der Anfangsphase des RAAM meinen Körper sehr beanspruchten. Aber noch während des RAAM kam es zur Heilung des Infekts, und eine Anpassung an die sportliche Beanspruchung trat ein. Eine für diese extreme Dauerbelastung nicht unbedingt zu erwartende Erscheinung, die sich vermutlich nur durch meine regenerativen Maßnahmen, insbesondere genügend Pausen und Schlaf, sowie meine gesunde Ernährung erklären lässt.

Im Rahmen unseres Anti-Doping-Konzepts wurde die Konzentration an Sauerstoffträgern (Hb: Hämoglobin) in meinem Blut sowohl im Bezug auf mein Gewicht als auch in ihrer Gesamtmenge bestimmt. Auch die Konzentration der roten Blutkörperchen im Gesamtblut wurde analysiert sowie die Rate der Blutneubildung anhand der Konzentration der Vorstufen der roten Blutkörperchen (den Retikulozyten) abgeschätzt. Diese Analysen sind aufwendig, benötigen verschiedenste Messinstrumente und konnten deshalb während eines Wettkampfes nicht durchgeführt werden. Wie anhand der Grafik (unten) zu ersehen ist, wurden fünf komplette Analysen vor und zwei nach dem RAAM durchgeführt. Mein Hb blieb in Bezug auf mein Körpergewicht als auch in seiner Gesamtmenge gegenüber meinen Mittelwerten von jeweils 12,54 g/kg bzw. 958 g Gesamthämoglobin nahezu ohne Veränderung. Für die Grafik wurden die individuellen Messwerte relativ zum jeweiligen Mittelwert gezeigt, dieser wurde als 1 gesetzt, damit sind prozentuale Änderungen leicht zu erkennen.

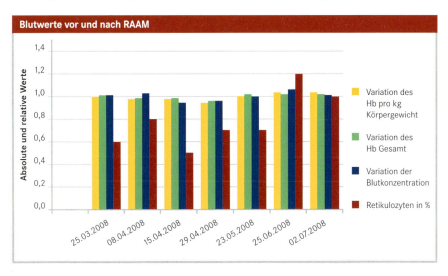

Kontrollstation		Kilo-meter	Ankunft		Rennzeit	km/h	km/h	Kommentare
Nummer	Ort, Staat	bisher	Tag (dd)	Uhrzeit	dd:hh:mm	seit dem Start	seit letzter KS	
0	Oceanside, CA	0,00	08	15:20	00:00:00			Offizielle Startzeit
1	Lake Henshaw, CA	87,52	08	18:55	00:03:35	24,43	24,43	
2	Brawley, CA	228,64	09	00:05	00:08:45	26,13	27,31	
3	Blythe, CA	370,08	09	06:21	00:15:01	24,64	22,58	Duschpause in KS 2
4	Hope, AZ	455,68	09	09:11	00:17:51	25,54	30,21	
5	Congress, AZ	551,84	09	13:03	00:21:43	25,41	24,86	Mittagspause
6	Prescott, AZ	642,24	09	18:28	01:03:08	23,66	16,69	Kurze Schlafpause
7	Cottonwood, AZ	699,68	09	21:38	01:06:18	23,09	18,14	
8	Flagstaff, AZ	784,96	10	07:50	01:16:30	19,38	8,37	Nachtpause kurz vor KS 8
9	Tuba City, AZ	900,00	10	11:50	01:20:30	20,22	28,75	
10	Kayenta, AZ	1015,04	10	15:30	02:00:10	21,07	31,38	
11	Mexican Hat, UT	1086,56	10	17:53	02:02:33	21,49	30,02	
12	Montezuma Creek, UT	1150,24	10	21:08	02:05:48	21,38	19,60	Mittagspause
13	Cortez, CO	1230,56	11	00:45	02:09:25	21,44	22,21	sehr bergig
14	Durango, CO	1302,24	11	10:50	02:19:30	19,30	7,10	Nachtpause in KS 13
15	Pagosa Springs, CO	1414,56	11	14:40	02:23:20	19,82	29,30	Mittagspause
16	Chama, NM	1494,88	11	18:30	03:03:10	19,89	20,96	
17	Antonito, CO	1573,12	11	22:19	03:06:59	19,92	20,50	steile u. sehr lange Pässe
18	Taos, NM	1670,88	12	01:36	03:10:16	20,30	29,78	
19	Cimarron, NM	1795,04	12	14:00	03:22:40	18,96	10,02	Nachtpause in KS 18
20	Abbott, NM	1866,88	12	16:20	04:01:00	19,25	30,78	
21	Clayton, NM	1967,20	12	20:25	04:05:05	19,46	24,58	Mittagspause
22	Elkhart, OK	2098,88	13	08:55	04:17:35	18,48	10,53	Nachtpause kurz vor KS 22
23	Plains, KS	2230,72	13	14:00	04:22:40	18,80	25,94	heftiger Seitenwind
24	Bucklin, KS	2323,68	13	18:50	05:03:30	18,82	19,23	Mittagspause
25	Pratt, KS	2406,24	13	21:58	05:06:38	19,01	26,35	Halbzeit / Hamburger
26	Colwich, KS	2522,88	14	08:11	05:16:51	18,43	11,46	Nachtpause vor KS 26
27	El Dorado, KS	2584,00	14	10:46	05:19:26	18,53	23,66	
28	Yates Center, KS	2687,20	14	14:20	05:23:00	18,78	28,93	
29	Ft Scott, KS	2780,32	14	18:40	06:03:20	18,86	21,49	Mittagspause
30	Collins, MO	2880,96	14	22:40	06:07:20	19,04	25,15	
31	Camdenton, MO	2966,72	15	08:25	06:17:05	18,42	8,80	Nachtpause in KS 30
32	Jefferson City, MO	3060,48	15	11:55	06:20:35	18,59	26,78	
33	Marthasville, MO	3180,48	15	16:18	07:00:58	18,82	27,38	Mittagspause nach KS 33
34	Mississippi River, MO	3290,88	15	20:53	07:05:33	18,96	24,08	
35	Greenville, IL	3364,96	15	23:44	07:08:24	19,07	26,00	
36	Effingham, IL	3445,12	16	08:56	07:17:36	18,56	8,72	Nachtpause in KS 35
37	Sullivan, IN	3560,48	16	13:10	07:21:50	18,75	27,25	
38	Bloomington, IN	3668,48	16	18:17	08:02:57	18,82	21,10	Mittagspause
39	Greensburg, IN	3768,48	16	22:06	08:06:46	18,96	26,21	
40	Hamilton, OH	3866,56	17	08:02	08:16:42	18,53	9,87	Nachtpause in KS 39
41	Blanchester, OH	3920,96	17	10:16	08:18:56	18,59	24,35	
42	Chilicothe, OH	4014,08	17	14:08	08:22:48	18,69	24,08	
43	Athens, OH	4108,48	17	19:01	09:03:41	18,70	19,33	Mittagspause
44	Parkersburg, WV	4166,56	17	21:17	09:05:57	18,77	25,62	

Kontrollzeiten von Michael Nehls

Kontrollstation		Kilo-meter	Ankunft		Rennzeit	km/h	km/h	Kommentare
Nummer	Ort, Staat	bisher:	Tag dd	Uhrzeit	dd:hh:mm	seit dem Start	seit letzter KS	
45	Smithburg, WV	4244,96	18	08:33	09:17:13	18,21	6,96	Nachtpause in KS 44
46	Grafton, WV	4318,56	18	11:44	09:20:24	18,27	23,12	steile Appalachen
47	Gormania, WV	4390,08	18	14:53	09:23:33	18,32	22,70	steile Appalachen
48	La Vale, MD	4464,00	18	19:07	10:03:47	18,30	17,46	Mittagspause
49	Hancock, MD	4533,92	18	22:44	10:07:24	18,32	19,33	Sekundenschlaf, daher:
50	Rouzerville, PA	4612,32	19	03:06	10:11:46	18,29	17,95	kurze Schlafpause
51	Hanover, PA	4674,08	19	06:53	10:15:33	18,29	16,32	
52	Mt Airy, MD	4735,36	19	10:15	10:18:55	18,32	18,21	
53	Odenton, MD	4798,72	19	13:15	10:21:55	18,32	18,21	30 Minuten Zeitstrafe / geschlafen
54	Annapolis, MD	4823,04	19	14:16	10:22:56	18,34	23,92	Ziel

Gleiches gilt für meine Blutkonzentration (Hämatokrit im Mittel von 44,23 Prozent, der auch vor und nach dem RAAM kaum veränderte Werte aufzeigt.) Ein Blutdoping ist damit weitgehend auszuschließen. Darauf weisen auch die gemessenen Konzentrationen an Retikulozyten hin, die mit Werten zwischen 0,5 und 1,2 % völlig im Normbereich variieren.

Die Tabelle: Kontrollzeiten Michael Nehls

- Die Angaben der Ankunftszeiten verzeichnen die lokale Zeit in Annapolis, also die ostamerikanische Zeitzone. Beim Startpunkt in Oceanside sind das drei Stunden später als die Ortszeit. Der Tag (dd) ist das Datum im Monat Juni 2008.
- Sämtliche größere Pausen sind angemerkt und auch an reduzierten Geschwindigkeiten zu erkennen: Einstellige Werte sind die Folge der langen Nachtpausen, die jeden Tag gemacht wurden, außer in der ersten und letzten Nacht. Flagstaff wurde zwar am zweiten Abend erreicht, die Zeitstation aber erst am nächsten Morgen angefahren, da sich unser Motel am Anfang und die Zeitstation am Ende der Stadt befand.
- Die Angabe »km/h seit dem Start« gibt das Brutto-Durchschnittstempo an. Die Spalte rechts daneben zeigt das Brutto-Tempo zwischen den Kontrollstationen. Dieser Wert berücksichtigt nicht die vielen kleinen Stopps, die aus verschiedensten Gründen immer wieder nötig waren. Ohne diese Stopps hätte man das Netto-Tempo, welches über die SRM-Daten ermittelt wurde und in der Auflistung Endresultate zu finden ist.

John Schlitter, der erste RAAM-Solist, der die Strecke mit einem Liegerad bewältigt!

Erkenntnisse und Fazit

Erst Stunden nach Erreichen des Atlantiks findet meine Reise ihr Ende.

Vieles hätte schief gehen können, aber zunächst bleibt festzuhalten: Unser einziger Navigationsfehler blieb der in Durango. Gerade einmal 250 Meter, das sind etwa 0,005 Prozent der gesamten Strecke! Dieser Schönheitsfehler macht für mich die Sicht auf das ganze Rennen wiederum attraktiv – er demonstriert durch die Nichtigkeit, dass uns wenig passierte, das den Erfolg beim RAAM 2008 gefährdet hätte. Hatte ich einfach nur Glück?

Sicher, Glück muss man haben, Glück ist wichtig. Der Zufall kann einem immer einen Strich durch die schönste Planung machen. Den Zufall kann niemand ausschließen, weshalb man auch nicht über-

Der leider typische Straßenbelag fordert Mensch und Material.

heblich werden sollte, wenn ein »Mangel« an Pech die Planung fast perfekt erscheinen lässt! Jederzeit hätte mir ein Tier in den Weg laufen, der Burrito eine ernstere Konsequenz haben oder Annette sich ihren Fuß brechen können. Was immer wir auch tun, wir fordern den Zufall und damit unser Glück heraus.

Dies jedoch nicht zu übertreiben ist die Kunst vorausschauenden Managements. Wir hatten uns daher auf vieles vorbereitet. Dennoch hatte ich einige Fehler gemacht. So war ich zu flexibel bei der Planung der Anreise meiner Teammitglieder, weshalb ich in den letzten Tagen vor dem Start mehrere Male zum Flughafen in L. A. musste. Da ich noch einen zweiten Fehler gemacht hatte, konnte ich auch niemand anderen senden: Ich hatte der deutschen Vermittlerfirma geglaubt, dass Sabine und ich schon gleich bei der Ankunft in Los Angeles alle Teammitglieder ohne Einschränkung als Fahrer eintragen könnten. Aber leider musste jeder Einzelne persönlich bei den beiden Autovermie-

tungen erscheinen, und ich musste jedes Mal als verantwortlicher Hauptmieter mit dabei sein.

Daraus entwickelte sich eine Kette von Ereignissen, die schließlich in Annettes Unfall resultierte, der leicht auch wesentlich fatalere Folgen als »nur« ein paar Narben für sie und letztlich für das gesamte Unternehmen hätte haben können.

Auch die Zahl der zugelassenen Fahrer pro Fahrzeug war nicht unbeschränkt, wie man mir in Deutschland noch versichert hatte. Die unerwartete Beschränkung setzte wichtige Aspekte unserer Planungen außer Kraft und forderte alle Teammitglieder über Gebühr. So wurde das Rotieren in Schichten, das für genügend Schlafpausen sorgen sollte, erheblich erschwert.

An diesen noch recht harmlosen Unachtsamkeiten zeigt sich, wie wichtig die Planung für den Erfolg war und wie selbst kleinste Fehler sich auf unvorhersehbare Weise zu beträchtlichen Problemen aufschaukeln können. Ein noch größerer Managementfehler wäre es geworden, hätte ich mich schon zur Mitte des Rennens dazu entschlossen, die alternative Strategie aufzugeben, um schon von einem früheren Zeitpunkt an auf Platzierung zu fahren. Wie groß dieser Fehler gewesen wäre, konnte ich ansatzweise in der letzten Nacht erfahren, als ich das einzige Mal mit einem überwältigenden Schlafbedürfnis konfrontiert war.

Diese Erfahrung zeigt auf indirekte Weise, wie gut sich – über das gesamte Rennen betrachtet – die »alternative Strategie« bewährt hat! Ich war bis auf diese eine Situation nie einer Übermüdung ausgesetzt, mit allen positiven Konsequenzen, und konnte mich immer wieder regenerieren, sodass sich meine körperliche Verfassung im Laufe des Rennens vielleicht sogar verbesserte, zumindest nicht schlechter wurde. Bis zu diesem Moment war nicht nur meine Leistung, sondern vor allem die Gelassenheit, mit der ich das RAAM gefahren war, nicht nur für mich selbst, sondern auch für das Team beeindruckend gewesen. Erst in der letzten Nacht, als wir auf die Standardstrategie umschwenkten, kam es zu den ersten Problemen.

Hatten wir Glück, als Einzige ohne einen Reifenschaden durchgekommen zu sein? Ja, aber ... ich bin sehr selten in eine Scherbe oder in ein tiefes Schlagloch gefahren – beides gab es genügend! Ich konnte diese Hindernisse meist umfahren oder überspringen. Hätte ich mich jedoch in einem halbkomatösen Zustand völliger Übernächtigung fortbewegt, wäre dies kaum möglich gewesen. Neben der Strategie kam hier natürlich noch die Auswahl pannensicherer Reifen und nicht zuletzt die täglich durchgeführte qualifizierte Überprüfung des Materials durch Hermann, den Chefmechaniker im Team, zur Geltung.

Alles in allem war die gewählte Strategie ein enormer Erfolg. Kritiker – und ich bin einer von ihnen! – mögen jedoch anmerken, dass ich meine Möglichkeiten nicht völlig ausgereizt habe, dass ich den Leistungsgedanken des RAAM, nämlich der Schnellste oder der Beste zu sein, nicht vollständig angenommen hätte. Erst gegen Ende hätte ich das Wort »Race« im wortwörtlichen Sinne ernst genommen.

Diese Einwände mögen richtig sein. Allerdings hat kaum ein Rookie bisher das RAAM auf Anhieb gewinnen können. Fast alle Sieger brauchten mehrere Anläufe, da sie erst einmal Erfahrungen sammeln mussten. Viele spätere Finisher scheiterten beim ersten Mal. Auch liegt die durchschnittliche Finisher-Zeit bei Rookies mit 10 Tagen und 16 Stunden nur wenige Stunden unter der Zeit, in der ich das RAAM 2008 gefahren bin. Ich lag daher mit meiner Gesamtleistung im »normalen« Rahmen.

Ein weiterer Kritikpunkt könnte sein, dass man mit der von mir gewählten Strategie nur auf Finishen fahren könne, ein Sieg oder eine Top-Platzierung sei ausgeschlossen. Damit sei diese Strategie nicht generalisierbar.

Darüber habe ich viel nachgedacht – auch im Hinblick auf eine mögliche weitere Teilnahme. Um nochmals beim RAAM dabei zu sein, bräuchte ich eine neue Motivation. Ich könnte mir zum einen vorstellen, von vornherein um eine Platzierung mitzufahren, zum anderen wäre es sicherlich ein Ansporn, es nochmals im wesentlich höheren Alter zu probieren – beides hätte seinen besonderen Reiz.

Der Reiz, auf Platzierung zu fahren, läge darin, meine Strategie basierend auf der gewonnenen Erfahrung weiterzuentwickeln. Eine geringfügige Reduzierung der täglichen Pausen von etwa 8,5 Stunden auf 6,5 Stunden und eine gleichzeitige Erhöhung der Leistung von durchschnitt-

Die emotionalsten Eindrücke beim letzten Morgengrauen vor dem Ziel: Nebelschwaden über den Schlachtfeldern des amerikanischen Bürgerkriegs bei Gettysburg.

lich 140 auf etwa 150 Watt würde das Endresultat völlig verändern – ich wäre damit, rein theoretisch, im Bereich des diesjährigen Siegers, und das mit einer völlig anderen Strategie als er! Da es bisher keinen deutschen Athleten gab, der einen Podestplatz beim RAAM erzielte, wäre das Ziel einer Top-3-Platzierung ein zusätzlicher Anreiz. Damit wäre dann bewiesen, dass das RAAM ohne Schlafmangel nicht nur erfolgreich gefinisht werden kann, sondern dass diese Strategie auch das Potenzial zu einer siegreichen Gesamtleistung in sich birgt.

Das Race Across America im höheren Alter, mit 65, 70 oder sogar 75 Jahren zu finishen, übt einen ganz anderen Reiz auf mich aus. Zum einen wäre es eine schöne Motivation, mich über die nächsten Jahre weiter fitzuhalten. Da der Radsport sehr schonend für die Gelenke ist und sogar – bei richtiger Ausübung – degenerative Prozesse zu verhindern hilft, wäre

dies möglich, zumindest was den Bewegungsapparat betrifft. Zum anderen gibt es inzwischen auch sehr gute Studien über den Leistungsabbau während des Älterwerdens.

Bisher ging man aufgrund vieler mangelhaft konzipierter Vergleichsstudien davon aus, dass die maximale Sauerstoffkapazität (ein Maß für die Leistungsfähigkeit) ab Mitte zwanzig um etwa zehn Prozent mit jedem weiteren Lebensjahrzent abnimmt. Das ist jedoch falsch, wie neuere Langzeitstudien demonstrieren. Die Leistungsfähigkeit – solange man weiterhin sportlich sehr aktiv bleibt – reduziert sich nur um etwa zwei bis drei Prozent pro Lebensjahrzehnt. Falls dies zuträfe, würde ich in den nächsten zwanzig Jahren nur etwa fünf Prozent meiner derzeitigen Form einbüßen. Da ich aber davon ausgehe, mich sportlich in den nächsten ein bis zwei Jahren noch um etwa diese Größenordnung verbessern zu können, sollte ich

Sabine beim täglichen Versuch, zwei Liter Obst- und Gemüsesaft für mich bereitzustellen.

das RAAM theoretisch mit etwa siebzig Jahren noch so schnell fahren können wie 2008. Dies erleben zu dürfen wäre sicherlich interessant!

Ob die Teilnahme am Race Across America für Solisten aufgrund der körperlichen und mentalen Beanspruchung zu bleibenden Schäden führt, ist nach wie vor umstritten – sagt Wikipedia. Fährt man das RAAM mit der Standardstrategie, erhöht man die Wahrscheinlichkeit, einen Unfall infolge von Sekundenschlaf, oder mangelhafter Reaktionsfähigkeit zu erleiden. Auch körperliche Schäden sind nicht sicher auszuschließen, wenn nicht genügend Zeit für Erholung und Regene-

Danny Chew, zweifacher RAAM-Sieger und neunfacher Finisher, lässt sich nach meiner Zieleinfahrt die Vorteile meiner Rennstrategie erläutern.

ration genommen wird, wobei diese meist reversibler Natur sein dürften.

Dagegen hoffe ich, dass es mir gelungen ist zu beweisen, dass mit meiner Strategie das RAAM trotz der enormen Belastung ohne Schaden zu nehmen gefahren werden kann. Ich hoffe, dass ich damit auch eine gute Tat im Kampf gegen Doping bzw. für einen Sport ohne Doping erbracht habe. So plant die sportmedizinische Abteilung der Freiburger Universität derzeit eine internationale wissenschaftliche Veröffentlichung unserer Doping-Analysen, meiner Vorgehensweise und der Ergebnisse.

Seelische Aspekte sind ein sehr viel schwerer zu beurteilendes Thema. Ein ehemaliger Betreuer eines RAAM-Solisten machte gegenüber einem Mitglied aus meinem Team eine Aussage, um die auf ihn zukommende Aufgabe zu verdeutlichen: »Willst du sehen, wie ein gestandener Mann zum Kinde wird, dann betreue ihn beim Race Across America!« Dieser Satz sollte für mich ebenso viel Bedeutung bekommen wie der prophetische Titel eines Artikels von Jürgen Ruoff in der »Badischen Zeitung«, der die Leser auf meine ursprünglich für 2006 geplante Teilnahme beim RAAM vorbereiten wollte. Er überschrieb seinen Artikel: »Eine mühevolle Reise ins Ich!«.

Erst in den letzten Tagen des RAAM wurde mir die Bedeutung dieser Aussage und dieses Titels wirklich bewusst. Es war gewiss keine mühelose Reise, und mein innerstes Ich war das Ziel. Es war ein mir vorher verborgener Teil meines Ichs, den ich fand, ohne zu wissen, dass ich ihn gesucht hatte. Seit meiner Kindheit empfand ich eine innere Unruhe, die ich nicht erklären konnte und die mich ständig vorantrieb. Stets befand ich mich auf der »Überholspur«, ob in der Schule, im Beruf oder im Sport. Erst das RAAM lehrte mich, im Nachhinein, Gelassenheit. Ausschlaggebend dafür war – so vermute ich – die enorme Fürsorge und intensive Betreuung, die ich durch mein Team erfuhr. Sie öffnete mir ein Tor zu einer Selbsterkenntnis, wie ich sie, paradoxerweise, nur in einer so extremen Anstrengung zulassen und erleben konnte. Meine Bereitschaft, infolge der enormen Anstrengung Hilfe anzunehmen, gepaart mit der aufopfernden Bereitschaft meines Teams, mich zu unterstützen, öffnete einen Weg nach innen. Seither ist eine enorme Last von mir gefallen. Die Reise hat sich gelohnt!

Jetzt weiß ich, weshalb ich das Race Across America gefahren bin, ein Kreis hat sich geschlossen. Es ging nicht um Rekorde; das Annehmen dieser Herausforderung hatte einen tieferen Sinn. Tief in mir, völlig unbewusst, lebte die unbefriedigte Sehnsucht, einen Teil meiner selbst wiederzufinden: Deshalb »musste« ich den langen Weg des RAAM gehen.

Es heißt: Das RAAM ist wie ein Tor – wer es durchschreitet, kommt als ein anderer Mensch heraus, als der er hineingegangen ist! Für mich trifft dieser Satz sicher zu. Ich glaube aber, dass er nicht nur für die Solo-Fahrer gilt; auch das eine oder andere Mitglied meines Teams wird mit tieferen Erkenntnissen vom Abenteuer Race Across America zurückgekehrt sein.

Strategie, Entschlossenheit und gutes
Material: Es klappt nur, wenn alles
zusammenpasst.

Quellen und weiterführende Literatur

- Hunter Allen und Andrew Coggan, »Training and Racing with a Power Meter«,
  Boulder, Colorado, 2006
- Arnie Baker, »Bicycling Medicine«,
  New York 1998
- Chungliang Al Huang und Jerry Lynch, »Thinking Body, Dancing Mind«,
  New York 1992
- Andrea Clavadetscher und Anita Grüneis, »Lust auf Leistung«,
  Hallbergmoos 2003
- Loren Cordain and Joe Friel, »Paleo Diet For Athletes«,
  Emmaus, Pennsylvania, 2005
- Joe Friel, »Die Trainingsbibel für Radsportler«,
  Bielefeld 2007
- Joe Friel, »Cycling Past 50«,
  Champaign, Illinois, 1998
- Kevin J. Hayes, »An American Cycling Odyssey«, 1887,
  Lincoln, Nebraska, 2002
- Herbert Meneweger, »Race Across America«,
  Salzburg 1999
- Hans Müller-Wohlfahrt und Oliver Schmidtlein, »Besser trainieren«,
  München 2007
- Andy Pruritt, »Complete Medical Guide for Cyclists«,
  Boulder, Colorado, 2006
- Hubert Schwarz, »Race Across America«,
  Bad Wörishofen 1994
- Michael Shermer, »Race Across America«,
  Waco, Texas, 1993

- Franz Spilauer, »Gerädert«,
  Wien 1987
- George Thomas und Jeff Welsch, »Going the distance«,
  Champaign, Illinois, 2002
- Mark Verstegen und Pete Williams, »Core Performance«,
  München 2006

Weitere Informationsquellen

Internetseiten
- Jure Robic: www.nytimes.com/2006/02/05/sports/playmagazine/05robicpm.htm
- Benny Furrer: www.bicycle-holidays.com/news.php?item.60
- John Marino: www.ultracycling.com/about/hof_marino.html
- Jutta Kleinschmidt: www.jutta-kleinschmidt.com
- RAAM-Statistik: www.raceacrossamerica.org
- Michael Nehls: www.raceacrossamerica.org/wordpress/?cat=31
- RAAM: www.wikipedia.org/wiki/Race_Across_America

Zeitungs- und Magazinberichte:
- Scott Inside Magazin & Katalog (2009),
  S. 126: Race Across America
- Der Spiegel (2008),
  Vol. 23, S. 133: In der Sauna durch Amerika
- Süddeutsche Zeitung (2008), 17. Januar,
  S. 32: Grenzgang auf dem Fahrrad
- Tour-Magazin 10/1999:
  Der amerikanische (Alp)Traum, Bericht über Jörn Gersbeck
- Badische Zeitung (2008), 8. Juni,
  S. 3: Nein, ein Masochist bin ich nicht.
- Badische Zeitung (2006), 2. Januar
  S. 9: Mühevolle Reise in die Tiefen des Ichs

Danksagung

....

Das Race Across America ist nicht nur ein großes Abenteuer, es ist auch, was investierte Zeit, Aufwand, Geld und Material betrifft, eine sehr umfangreiche Unternehmung, die ohne die Mitwirkung und Unterstützung vieler mir wichtiger Menschen nicht machbar gewesen wäre. Auch wäre dieses Buch nie geschrieben worden.

Sabine und unsere Kinder Sebastian, Sarah und Nadja erduldeten meine unzähligen Stunden auf dem Hometrainer und mussten sich auf einigen Urlaubsreisen mit meinen Trainingsplänen arrangieren. Ihr Verständnis und die bereitwillige liebevolle Betreuung in den oft langen Nächten in allen Vorbereitungsrennen waren für mich nie selbstverständlich.

Meinem Team, das sich komplett aus RAAM-Rookies zusammensetzte, gilt mein besonderer Dank:

- Sabine Nehls: Das RAAM war nur ein weiteres i-Tüpfelchen jahrelanger Unterstützung! Durch ihre Hilfe konnte das Rennen so reibungslos gut laufen.
- Horst Hauber: Unsere 30-jährige Freundschaft und seine unbeirrbare Bereitschaft, mich zum und durchs RAAM zu bringen, machten ihn zum idealen Teamchef.
- Markus Hilgart: Sportbegeisterung kombiniert mit Teamgeist prädestinierten ihn – mit Horst an seiner Seite – zum unermüdlichen Teamführer.
- Annette Eller: Fachkompetente physiotherapeutische Hilfe »rund um die Uhr«! Leider wird sie immer eine kleine Narbe als Erinnerung mit sich herumtragen.
- Paul Trommler: Er hielt uns alle untereinander und mit der Außenwelt vernetzt – ohne seine Expertise wären wir auch bei Tageslicht oft im Dunklen getappt.
- Hermann Frey: Er sorgte immer für eine blitzende Kette, steuerte unsere Oase sicher durch die Wüste und machte nebenbei als »Hilfsfotograf« Karriere.
- Michael Birling: Außer den Blut- und Urinkontrollen gab es – glücklicherweise – nicht viel Medizinisches zu tun.

190

Danke für die Wandlung vom Arzt zum verlässlichen Fahrer!

- Uwe Geißler, »last but not least«: Immer auf der Suche nach besten Motiven ohne Risiken zu scheuen, wurde Uwe zu unserem rastlosen Reporter, Hut ab!

Danke an dieser Stelle auch an die jeweiligen Partner, die ihren Liebsten erlaubten, mit mir das Abenteuer RAAM zu erleben.

Spezieller Dank geht auch an die Abteilung für Sportmedizin des Universitätsklinikums Freiburg für die Unterstützung in meinem Kampf gegen Doping im Radsport.

- Priv.-Doz. Dr. Yorck Olaf Schumacher: Danke für die gute Konzeption des Anti-Doping-Programms, die Umsetzung und die vielen Anregungen zu diesem Buch
- Dr. Torben Pottgießer, für die vielen Tests und Auswertungen
- Dr. Christoph Ahlgrim, für die vielen Blutanalysen
- Prof. Dr. Hans-Hermann Dickhuth, für die gesamte Unterstützung seiner Abteilung

Eine Teilnahme beim RAAM ist recht kostspielig – vergleichbar einer mehrwöchigen Expedition: Startgeld, transatlantische Flüge für das gesamte Team, Begleitfahrzeuge, Motels, Essen und Trinken und vieles mehr.

Etwa € 25 000 hat uns das RAAM 2008 gekostet. Außerdem ist Top-Material nicht nur zusätzlich erforderlich, sondern entscheidend! Auf über 4800 Kilometer Strecke akkumuliert jedes Detail zu einem signifikanten Effekt. Ich konnte auf die besten Materialien vieler Sponsoren zurückgreifen. Ihnen möchte ich an dieser Stelle herzlich danken!

- Scott: mit dem Plasma und den beiden Addict-Modellen für höchst effiziente Zeitfahr- und Rennmaschinen
- SRM: für beste Leistungsmessgeräte und Ergometer für Training und das RAAM
- Gore Bike Wear: für funktionelle Radsportkleidung in allen klimatischen Extremen
- Mavic: für die stabilsten, leichtesten und aerodynamischsten Radsätze
- Powerbar: für optimierte Energiezufuhr und Elektrolyte für extreme Distanzen
- Continental: für die weltbesten Reifen mit niedrigem Rollwiderstand und hoher Pannensicherheit
- Precise Positioning Management: für sichere Führung mit Magellans GPS über 4800 km
- Giro: für sichere und leichte Helme mit guter Durchlüftung für einen kühlen Kopf
- Look: für mein bevorzugtes Pedalsystem für die Langstrecke und einen genial flexiblen Vorbau
- Park Tool: Service am Rad auch im Rennen leicht gemacht

- Kryptonite-Fahrradschlösser: Meine Räder waren stets gut gesichert!
- Profile Design-Karbonbauteile: leicht und hochstabil mit hoher Funktionalität
- Diadora: für optimale Schuhe und Funktionsunterwäsche, die über 4800 km perfekt passten
- Oakley-Radbrillen: für alle Lichtverhältnisse die besten mit individueller Korrektur
- SQ-Lab-Fahrradsättel: ein super ergonomisches Konzept
- Das Radlabor: für optimierte Biomechanik und Leistungsanalytik, ein Schlüssel zum Erfolg
- Ride-On-Kabelsysteme: für reibungsloses Schalten und Bremsen durch Wüsten und Frost
- Radhaus Starnberg: für tollen Support meiner belasteten Rennräder über viele Jahre
- Tolopilos Fahrrad Center, Gundelfingen: für beste Unterstützung in der finalen Vorbereitung
- Vitaminexpress: für Arthrol und UltraPure Omega 3 zur Verhütung von Gelenkbeschwerden
- Sigma-Beleuchtungssysteme: für beste Sicht durch die langen Nächte
- Apotheke im Mühlbachpark: Medizin für Notfälle, glücklicherweise war kein Bedarf
- Schuhorthopädie Buderer, Denzlingen: für optimierte individuelle Einlagen für Radsportler
- Workout Fitness-Center, Gauting: Danke für das erlaubte Training in der Sauna!

Mein besonderer Dank gilt meinem Verlagslektor, der mir mit vielen Anregungen und Vorschlägen half, meine Erfahrungen beim RAAM in diese Form zu bringen.

An dieser Stelle möchte ich auch allen Bekannten und Unbekannten danken, die mir vor und auch während des Rennens Botschaften über meine Webseite zukommen ließen. Das war immer sehr motivierend und inspirierend zugleich!